铁路预制简支梁场规划与施工

主　编　曹新刚　徐　宏
副主编　秦定松

中国铁道出版社
2018年·北　京

图书在版编目(CIP)数据

铁路预制简支梁场规划与施工/曹新刚,徐宏主编.—北京:中国铁道出版社,2018.8

ISBN 978-7-113-24708-9

Ⅰ.①铁… Ⅱ.①曹… ②徐… Ⅲ.①铁路施工-简支梁-预制结构 Ⅳ.①U215.7

中国版本图书馆CIP数据核字(2018)第153427号

书　　名:铁路预制简支梁场规划与施工
作　　者:曹新刚　徐　宏

责任编辑:张卫晓　　**编辑部电话:**(010)51873193
封面设计:王镜夷
责任校对:焦桂荣
责任印制:高春晓

出版发行:中国铁道出版社(100054,北京市西城区右安门西街8号)
网　　址:http://www.tdpress.com
印　　刷:中煤(北京)印务有限公司
版　　次:2018年8月第1版　2018年8月第1次印刷
开　　本:787 mm×1 092 mm　1/16　印张:9.5　字数:234千
书　　号:ISBN 978-7-113-24708-9
定　　价:30.00元

序

根据国家发布的《中长期铁路网规划》(以下简称《规划》),“十三五”铁路发展处于一个非常重要的关键时期,铁路也将注重围绕全面建成小康社会这个目标进行布局和建设,服务支撑三大战略、脱贫攻坚和区域的协调发展。结合中华人民共和国交通运输部“综合运输服务“十三五”发展规划”,全国铁路网覆盖城区常住人口20万以上城市、80%以上县级行政区,高速铁路网覆盖城区常住人口100万以上城市比例达到80%。围绕国家“一带一路”发展战略,以促进基础设施互连互通、推进运输便利化为重点,综合运输服务将进入以结构调整、转型升级、提质增效为主要特征的发展阶段。

随着铁路建设速度的加快和社会经济的发展,结合我国土地问题日益紧张的现实,为尽可能少的占用土地,我国高速铁路提倡以桥代路,桥梁占线路总长度比例高达80%以上,简支梁在铁路建设中得到了广泛的应用。目前,我国高速铁路桥梁主要为250 km/h、350 km/h两种速度等级,常用标准跨度简支梁主要为24 m、32 m。施工模式主要采用现场预制、架桥机架设、现场铺设的方法,该方法生产效率高,质量容易控制,造价更为合理。由于桥梁比例的不断增大,考虑到高速铁路线路平顺性的要求,简支梁预制成为高速铁路建设的制高点,决定着全线建设的工期和质量。

如何确保大规模、高标准铁路简支梁施工有序推进,使工地制梁场达到“规范化、标准化、集约化、信息化”的要求,形成以技术标准、管理标准、作业标准为基本依据,以机械化、专业化为支撑手段,通过建立标准化的管理,并在施工中贯彻执行,有效提升工地制梁场建设水平,使得梁场规划、设计、施工、系统合理,经济节约、满足使用,进而达到成功复制,有效保证优质、高效地实现目标,提升高速铁路桥梁整体技术水平,对于高铁的长期发展和实现“走出去”战略具有积极推动作用。

本书作者来自施工生产一线单位,通过在施工中不断探索、攻关和创新,旨在推广和提高桥梁预制水平。虽经多方查证并倾力而为,乃至字斟句酌,难免有疏漏和错误之处,希望广大技术人员不吝赐教。

编者

2018年5月

前　言

随着我国高速铁路建设的持续推进，西部山区和东部沿海地区的高速铁路建设逐年增多，而跨越河流、沟谷的高墩桥梁以及软基沉陷地区的深基础桥梁占比较大，为满足高铁对运行速度的要求，简支梁在国内客运专线（高速铁路）建设中得到了广泛的应用。由于工期和造价的要求，均采用现场预制、架桥机架设、现场铺设的方法，该方法生产效率高，质量容易控制，造价更为合理。

中国铁路建设的快速发展，技术标准的不断更新和提高，国家对施工现场环保要求的严格执行，建筑行业劳动力资源供求关系的现实问题，为了降低能源消耗，减少对环境的污染，降低工种对从业人员的素质要求，提高铁路预制简支梁质量，变工地化生产为工厂化生产，达到生产专业化、工厂化、模块化、信息化。目前国内、外尚无简支梁预制场建设的统一形式及标准，施工中各简支梁预制场，根据各自设备（工装）、工期自行设计规划，无法实现“规范化、标准化、模块化、信息化”。为使简支梁预制场建设形成专业化、标准化、集约化，有效降低施工成本，保证产品质量满足工期要求，预制梁场的规划就显得尤为重要。

本书主要共八章，包括制梁场规划、设备（工装）选型、主要临时设施设计及检算、制梁场建场实例、预制简支梁关键工艺、高性能混凝土配合比设计、产品质量检验、BIM技术在制梁场建设及施工中的应用等方面进行了详细的阐述，并给出了典型示例。BIM技术的应用，实现了可视化交底、信息化过程管理，提高了施工工艺控制水平，提升了桥梁的技术水平。

本书由曹新刚、徐宏任主编，秦定松任副主编，郭敏、李雁、杨倩、牛丽坤、刘超群、李小兔等参加编写。本书可作为施工单位工程技术人员及大专院校有关师生的参考书。

书中若有疏漏或错误之处，希望读者提出宝贵意见和建议，以便再版时修改、补充、完善。

编者

2018年5月

目　　录

第一章 制梁场规划

第一节 概 述

随着国家加快铁路建设政策措施的出台，铁路安排建设投资和投产新线比例进一步加大。总目标是到2020年铁路里程达到15万km，高速铁路达到3万km，铁路总规模增加2.9万km，其中高速铁路增加1.1万km。

为完善高速铁路网，高速铁路"四纵四横"正在加快建设，"十三五"期间"四纵四横"大部分将建成，同时新开一些"八纵八横"新的铁路通道项目，使高速铁路能够逐步联网，发挥综合效益。到2020年，高铁覆盖80%以上的大城市，建成投产将达3万km。

随着铁路建设速度的加快和社会经济的发展，结合我国土地问题日益紧张的现实，为尽可能少的占用土地，我国高速铁路提倡以桥代路，桥梁占线路总长度比例高达80%以上，简支梁在铁路建设中得到了广泛的应用。由于桥梁比例的不断增大，考虑到高速铁路线路平顺性的要求，简支梁预制成为高速铁路建设的制高点，决定着全线建设的工期和质量。目前，铁路建设中简支梁多采用现场预制、架桥机架设、现场铺设的方法，该方法生产效率高，质量容易控制，造价更为合理。

为了使制梁场达到"规范化、标准化、集约化、信息化"的要求，使制梁场建设形成标准化、专业化、集约化，确保大规模、高标准铁路制梁场建设全面有序推进，形成以技术标准、管理标准、作业标准为基本依据，以机械化、专业化为支撑手段，通过建立标准化的管理，并在施工中贯彻执行，有效提升工地制梁场建设的标准化水平，使梁场规划、设计、施工系统合理，经济节约、满足使用。

第二节 规划原则

制梁场规划应本着安全适用、技术先进、经济合理，满足施工流程需要，兼顾运、架设备的安装和拆除的原则。

制梁场整体规划时应结合所在区域(铁路线路)的工程经济、技术、自然条件等进行设计，应满足生产、运输、防洪、安全、卫生、环境保护、节能和职工生活设施的需要，应结合铁路线路具体情况和承担施工任务企业实际大型施工装备拥有状况、工程经验、地质、地形、地貌等方面因素，进行多方案综合的技术经济比较后，选择经济可行，技术合理的最优方案。

第三节 规划应考虑因素

一、布置方案的选择

根据制梁数量和工期要求，结合修建线路情况，运、架梁设备，梁场所在地地形、地貌、地质条件，箱梁制造程序和工艺要求等因素，综合考虑采用横列式(图 1-1)或纵列式(图 1-2)布置方案。

图 1-1　横列式布置

图 1-2　纵列式布置

二、场地的选择

制梁场地选择应遵循经济性、安全性、环保性、方便管理的原则。应选择在交通便利，地质条件好，施工用水、用电接通便利，基础处理费用低，场地布置满足工艺需求的场所。

(一)永临结合的原则。尽可能利用站场和其他铁路永久用地区域，或将预制场设在当地规划区永久建设用地上，以减少租地和临时工程费用。

(二)征地拆迁及复垦量少。制梁场宜选在占用耕地少，拆迁量少以及工程完工后复垦量少的地区，以减少复垦工程费用。

(三)宜在桥群集中地段设置制梁场。一般选择在桥群重心附近以减少运梁距离，以确保桥梁均衡生产。

(四)运梁距离较短。较短的运输距离可确保桥梁运输安全，提高架梁施工速度，降低运输费用，箱梁运梁距离宜控制在 20 km 以内；采用火车运梁方案时，应结合总体方案综合考虑。

(五)交通方便。制梁场位置应尽量与既有公路或施工便道相连，以利于大型设备和材料进场；道路上有咽喉控制设施时，其应满足大型施工车辆及大型制、提、运梁设备的运输车辆通行要求。

(六)地质状况好、地基处理工程量小。较好的地质可以减少地基处理工程量，降低工程费用，比较容易满足制梁过程中对制、存梁台座等结构物提出的沉降、变形等要求，尤其针对大吨位箱梁效果更为明显。

(七)制梁场选址中还应考虑现浇梁、连续梁及隧道工程等因素的影响。

(八)制梁场的选址应结合技术、经济、工期等各方面因素综合考虑，并进行多方案的经济技术比较后，择优确定。

三、工艺要求

按照选定制梁场的布置方案，结合提梁、运梁设备和制梁流程方案设计梁场布置，结合梁场拟采用工艺，进行整体规划。

四、运梁距离

较短的运输距离可以确保桥梁铺架指标的实现，运距一般为 15 km 以内，较为经济。当 T 梁采用工程列车运输、铁路架桥机架设时，运输距离不受此影响。

第四节 规 划 步 骤

一、制梁场规划

制梁场整体规划设计主要包含梁场选址、梁场关键参数的确定(制梁台座数量、存梁台座数量)、大型设备配置、平面规划、主要工艺方案等。

制、存梁台座的数量和布置方式取决于设备资源配备、工期要求、任务数量、工序安排、制梁效率及制梁周期等。

二、规划条件

根据承担的制梁任务及铺架工期要求，确定拟建梁场的建设时间及预制桥梁的开始时间和结束时间。在生产任务确定的基础上，根据拟投入设备工装、制梁周期、生产效率等因素即可进行梁场规划。

三、规划步骤

制梁场选址—大型设备选型—关键参数确定(制梁台座数量、存梁台位数量)—平面规划设计。在进行分步规划时，这些步骤相互交叉进行并及时进行内容调整，以达到整体规划经济、技术最优化。

四、梁场布置形式的选取

(一)根据搬移梁方式、预制工艺、提梁和运梁设备的配置，选择制梁场布置型式，梁场布置大体分为横列式和纵列式两种。

(二)横列式布置。适用于梁场位于桥位中间区段，占地面积大，可以采用直接提梁上桥方案。一般情况下横向移梁设备和大吨位提梁龙门吊配合使用，基础处理费用高，箱梁生产局限性较大。桥梁从制梁台座上移出方式，分为移梁小车方案(图 1-3)、搬运机方案(图 1-4)。

图 1-3 横列式移梁小车方案

图 1-4 横列式搬运机方案

（三）纵列式布置（图 1-5）。梁场布置较为灵活，可以设置运梁马道，也可以直接提梁上桥方式，但大型设备投入大。

图 1-5　纵列式布置方案

（四）梁体在制梁台座上完成初张拉后，即可移运到存梁台座，在存梁区进行后期养护及终张拉、压浆和封锚等后续工作。移梁方式分为两种：采用移梁小车移梁（图 1-6）、搬运机移梁（图 1-7）。移梁小车、搬运机各有优缺点，各有其适用范围（表 1-1）。

图 1-6　移梁小车移梁

图 1-7　搬运机移梁

表 1-1　移梁方式情况比选表

序号	移梁方式	优　点	缺　点	适用范围
1	移梁小车	体积小、重量轻、一次性投入的机械设备费用少、维修简便、正常生产中对设备依赖性低	轨道基础数量多，一个制梁台座必须设置两条移梁小车轨道基础，轨道基础处理费用高；不能实现双层存梁，梁场占地面积大；移梁工序繁琐，每移走、架设一跨箱梁，同列中其他箱梁均要挪动一次；存梁区梁体倒运不易；存在移梁技术风险，且不能省去装梁用提梁机	适用于地质较好、场地不受限制的情况；当梁场规模小，可考虑采用，一般用于横列式布置，目前已经较少采用

续上表

序号	移梁方式	优　点	缺　点	适用范围
2	轮胎式搬运机	使用方便快捷、通道数量少，台座排列方式灵活，可实现双层存梁，梁场占地面积小，可做提梁机使用。一般情况下一个梁场配一套搬运机即可	一次性投入的设备购置费高，设备使用、维修、保养技术要求高、日常使用费用高	适用场地狭小、地质条件差、梁场规模大、制梁速度高的情况；横列式、纵列式布置均可采用，目前应用广泛

第五节　预制梁场的构成

简支梁预制场主要由制梁区、存梁区、保障区、提梁上桥区（装车区）、办公生活区等组成（图 1-8）。

图 1-8　预制梁场全景图

一、制 梁 区

为实现预应力混凝土梁的预制和初张拉等功能，制梁区主要包括制梁台座、钢筋绑扎台座、模板整备台座和门吊轨道基础等（图 1-9 和图 1-10）。

图 1-9　箱梁场制梁区

图 1-10　T 梁场制梁区

二、存 梁 区

存梁区是为实现预制预应力混凝土简支梁移出制梁台后存储、养生、终张拉、压浆、封锚、检测等功能，必要时需实现支座安装和梁体防水层、保护层施工等功能，部分预制场存梁区在经过特殊规划和设计后可以实现架桥机调头功能。主要包括存梁台座、静载试验台座、横移滑道、轮胎式搬梁机通道（轮轨式搬梁机轨道基础）、轮胎式搬梁机变向区（轮轨式搬梁机变向区）等（图 1-11 和图 1-12）。

图 1-11　箱梁场存梁区

图 1-12　T 梁场存梁区

三、保 障 区

保障区是为实现梁体预制提供各种材料、物资、电力、水、蒸汽等的保障和供给功能的区域（图 1-13）。主要包括钢筋加工存放区（图 1-14）、混凝土搅拌站（图 1-15 和图 1-16）、砂石料场、锅炉房、变压站、工地仓库（图 1-17）、水站、工地试验室等（图 1-18）。

图 1-13　制梁场保障区全景

图 1-14　钢筋加工存放区

图 1-15　制梁场拌和站 1

图 1-16　制梁场拌和站 2

图 1-17　制梁场料库远景

图 1-18　制梁场试验室

四、提梁上桥区(装车区)

提梁上桥区(装车区)是为实现预应力混凝土箱梁上桥、装车功能,部分预制场在提梁上桥区(或装梁马道区)经过特殊规划与设计后可以实现架桥机安装、拆除、调头功能。主要包括提梁台座、提梁机轨道基础或运梁通道等构筑物(图 1-19 和图 1-20)。

图 1-19　跨墩装梁方案

图 1-20　专用线装梁方案

五、办公生活区

办公生活区主要为管理、生产人员提供生活、办公场所，一般办公生活区应具独立的水、电保障体系。制梁场职能部门由工程技术管理部、安全质量环保部、物资设备管理部、工程经济管理部、财务部、工地试验室、办公室组成(图 1-21 和图 1-22)。

图 1-21　制梁场办公生活区 1

图 1-22　制梁场办公生活区 2

第六节　制梁场规模的确定

制梁场规模确定取决于梁场承担的制梁任务量、铺架计划、工期要求等因素，这些信息的收集是梁场规模确定的第一步。要做好梁场规模的策划工作，还要结合企业设备的配置和生产效率，在这些基础信息的基础上科学合理地确定梁场建设规模。

一、制梁台座布置方式

布置方式，主要取决于搬、移梁方法，梁体预制工艺也影响到台座布置，主要有“一”字形布置方式(图 1-23)、并置式布置(图 1-24)和错位式布置(图 1-25)。

图 1-23　“一”字形布置方式

图 1-24　并置式布置方式

图 1-25　错位布置方式

二、制梁台座数量的确定

制梁台座数量取决于制梁设备配置状况、制梁工序、制梁周期及制梁效率等因素(制梁实际生产周期尚与搬移梁设备的工效、天气气候、混凝土原材料及配合比、养护方式、混凝土强度增长速度等密切相关,具体项目应根据工程实际情况合理确定制梁台座数量与布置)。

(一)台座数量计算

制梁场最少制梁台座数量(个):

$$N=\eta T$$

式中　η——按计划确定的预制场一天预制箱梁的数量(跨/d);

T——预制每跨箱梁占用单个制梁台座时间(d/跨)(可暂按 5.0 d/跨计算)。

例如:预制场计划一天预制箱梁 2 跨,则预制场的最少制梁台座数量 $N=2\times5.0=10$ 个。

(二)单个台座生产工序用时分析表

单个台座生产工序用时分析表见表 1-2。

表 1-2　单孔梁预制占用台座生产周期功效分析表(箱梁)

序号	工序名称	时间(h)	工作内容简述	台座占用	外模占用
1	钢筋绑扎	40	在胎卡具上绑扎不占用周期时间	—	—
2	钢筋吊装	2	钢筋起吊和入模	占用	占用
3	外模板拼装	3.5	单侧侧模滑移、整修、拼装	占用	占用
4	预埋件安装(整修)	1.5	安装支座板、防落梁预埋件、侧底模进行打磨和涂刷脱模剂(含工序验收)	占用	—
5	钢筋入模验收	0.5	定位、摘钩、验收	占用	占用
6	内模安装	2.5	滑道安装、内模吊装、穿入内模	占用	占用
7	端模安装	2	端模安装、紧固、密封	占用	占用
8	预埋件安装	1.5	通风孔、泄水孔、吊装孔等	占用	占用
9	整体验收	0.5	钢筋、预埋件、模型、报验	占用	占用
10	混凝土浇筑	6	混凝土浇筑、抹面、养护准备	占用	占用
11	梁本养护	72	自然(蒸汽)养护、拔胶管	占用	占用

续上表

序号	工序名称	时间(h)	工作内容简述	台座占用	外模占用
12	模板拆除	6	松内模、拆端模、拆除梁体连接紧固件(预埋件连接件)	占用	占用
13	钢绞线穿束	3	穿钢绞线、预张拉、拆内模、侧模	占用	—
14	初张拉	3	初张拉	占用	—
15	出台位	2	搬运机	占用	—
16	时间总计	146	占用周期时间总计	106	—

注:受工艺、气象条件工人操作熟练程度的影响,单台座生产工序用时会略有不同;预张拉与否,由设计、现场实际确定。

三、存梁台座数量的确定

(一)存梁台座数量与桥梁架设整体供求关系、供梁工期密切相关,故具体项目应根据工程实际情况合理确定存梁台位数量和布置形式。

(二)存梁时间的确定

《高速铁路预制后张法预应力混凝土简支梁》(TB/T 3432—2016)第 3.3.8 条中:"e)终张拉应在梁体混凝土强度及弹性模量达到设计值后、龄期不少于 10 d 时进行。"第 5.3.1 条:"预制梁出场检验包括预制梁制造过程控制检验和成品出场检验。"第 7.2 条:"预制梁验收交库后方能装车发运。"

根据相关条款一般情况下,简支梁在存梁区需要存放约 45 d 左右。

(三)简支梁预制过程中,应结合总体施工组织设计对预制场生产任务的安排考虑,是否在场内进行梁体防水层、保护层等施工。若需要,则在存梁台座数量确定和布置时应予以考虑。

(四)存梁方式确定

存梁方式主要取决于移、运梁设备。存梁方式确定了存梁区面积的大小。

存梁方式主要有单层存梁、双层存梁、高低错位存梁三种方式。若采用轮胎式提梁机移梁,三种存梁形式均可采用。采用双层或者高低错位存梁可以有效减少存梁区占地面积;若采用移梁小车方式移梁只可选择单层存梁方案。

目前现场主要采用单层存梁和双层存梁两种方式。

1. 单层存梁方式。主要适用于移梁小车,梁体按照生产顺序依次存放,存梁区占地面积大,工序繁琐,每移走、架设一跨梁,同列中的其他梁均要移动一次(图 1-26 和图 1-27)。

图 1-26　箱梁单层存梁

图 1-27　T 梁单层存放

2. 双层存梁

双层存梁是简支梁在存梁台座上双层叠放的方式(图 1-28 和图 1-29),可以显著降低存梁场面积,但对基础承载力要求较高,一般适用于搬运机方式。

图 1-28　箱梁双层存梁

图 1-29　T 梁双层存放

3. 高低错位存梁

高低错位存梁,主要是针对箱梁而言,即梁体在存梁区利用存梁台座间的高差,使相邻存放的箱梁翼缘板相互错位交叉,保证存梁数量,节省存梁区占地(图 1-30)。

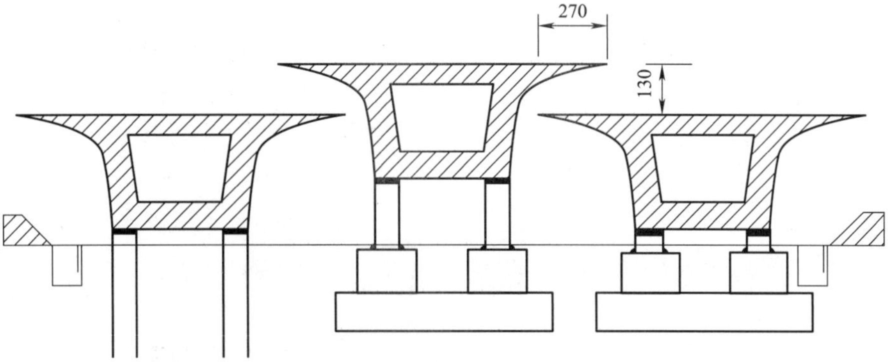

图 1-30　高低错位存梁(单位:cm)

(五)存梁台座数量的计算

$$M=\eta T_1 K$$

式中　η——按计划确定的预制场一天预制梁体数量(跨/d);

T_1——每跨梁占用单个存梁台座时间(个·d/跨);

K——存梁系数,单层存梁时取 1,双层存梁时可取 0.6～0.7。

四、预制工艺对梁场布置的影响

(一)铁路现场制梁场布置方式主要有纵列式和横列式两种。

(二)根据目前箱梁生产工艺现状,主要有两个关键工艺环节对梁场布置有着影响,同样也影响箱梁单台座周转周期。

1. 钢筋绑扎工艺对制梁场布置的影响

(1)分体绑扎工艺。箱梁梁体钢筋采用顶板钢筋与底、腹板钢筋分体绑扎(图 1-31),分体吊运方案(图 1-32)。该工艺多应用于生产台座采用“一”字形布置的梁场形式。

图 1-31　箱梁底、腹板钢筋分体绑扎

图 1-32　箱梁顶板钢筋吊装

(2)整体绑扎工艺。采用顶板钢筋与底、腹板钢筋整体绑扎(图 1-33),整体吊运(图 1-34)。该工艺多应用于制梁台座呈“错位布置”或“并置布置”的形式,目前在现场得到了广泛的应用。

图 1-33　箱梁钢筋整体绑扎

图 1-34　箱梁钢筋整体吊装

2. 移、运梁方式对梁场布置的影响

(1)搬运机移梁(图 1-35 和图 1-36)。搬运机移梁的灵活性较大,采用搬运机移梁工艺时,梁场台座多采用“错位布置”、“双排并置”等形式。搬运机分为轮胎式和轨行式两种,目前现场以轮胎式为主。为充分发挥搬运机优势、节约用地,也可进一步采用“错位平行布置”的台座布置形式。

(2)移梁小车移梁(图 1-37 和图 1-38)。移梁小车移梁,因设备成本低,所以在客专箱梁早期生产中得到了广泛的使用。但由于移梁小车不能完成转向和高度提升,受这一机械性能的局限,在制梁台座布置时台座不可平行布设,只可 “一”字形布置或“错位布置”。错位布置的形式有利于内模施工作业。目前在现场已较少采用,但当预制梁体跨度超过 32 m 时,随着跨度的增大搬运机造价会有较大增加,建议采用移梁小车较为经济。

图 1-35 箱梁搬运机移梁

图 1-36 T 梁搬运机移梁

图 1-37 箱梁移梁小车移梁

图 1-38 T 梁移梁小车移梁

第七节 生产功能区规划

一、制梁区域

根据箱梁自立模开始，至梁体移运到存梁区所占用单个制梁台座时间周期和制梁场承担的制梁任务，计算出所需要的制梁台座数量，再根据箱梁外形尺寸、制梁台座与拟采用的制梁设备间的安全距离，以及制梁台座要求的工艺间距要求，计算出制梁区域的占地面积(图 1-39 和图 1-40)。

图 1-39 箱梁生产区域布置

图 1-40 箱梁生产区域远景

二、存梁区域

根据箱梁预制场的存梁方式、存梁周期，确定存梁区存放箱梁的台座数量，并根据预制梁体的尺寸和梁体间距离，计算存梁区的占地面积。

三、生产保障区域

（一）钢筋加工及绑扎区域

1. 钢筋加工区

根据生产进度和每天生产任务量，合理确定每种规格钢筋加工数量、合理储备量；根据确定的加工及绑扎速率，按每 24 h 绑扎一榀梁的钢筋，合理确定需要钢筋加工设备及绑扎区的钢筋绑扎台座数，通过绑扎台座数计算钢筋加工及绑扎区的占地（图 1-41 和图 1-42）。

图 1-41　钢筋加工车间

图 1-42　加工存放区域

2. 钢筋存放区

钢筋应根据种类、规格、型号分类存放，应结合资源供应及生产任务进度，合理确定不同的钢筋存储量。在资源供应充足的情况下，原则上按照 10 d 生产任务量考虑钢筋的储备，并据此计算钢筋存放区面积。钢筋存放应遵循不使钢筋锈蚀，确保钢筋性能满足使用的原则，尽量做到同一炉号、同一批号、同一验收批使用到同一跨梁的原则。

（二）混凝土拌和站区域

根据生产进度和每天生产任务量，结合“简支梁制造技术标准” 要求中对每孔梁体连续灌注时间的要求（箱梁要求 6 h 内灌注完毕；T 梁要求 3.5 h 内灌注完毕），按照梁体混凝土数量施工时间，确定拌和站（图 1-43）拌和能力及与之匹配的泵送、运输能力，按照连续生产 10～15 d 生产的需求，计算确定拌和站和存料场（图 1-44）的占地。

（三）蒸养锅炉房区域

为加快制梁台座周转，减少临时设施投入，简支梁预制过程中可采用蒸汽养护。施工中应通过热力学计算，选择压力锅炉的型式及数量，根据锅炉主机、辅机及其配套设备，并考虑职工生活要求，计算确定锅炉房占地。

图 1-43　混凝土拌和站

图 1-44　砂石料存放棚

（四）变压站

根据生产中各种设备的总功率，确定制梁场变压器的大小和配电总容量以及发电机容量，并据此计算配电室、发电区域占地，并结合工地临时用电布置确定变压器大小、临时用电布置，建议采用装配式配电房。

（五）工地仓库

根据生产进度指标结合施工现场周边市场资源情况，合理确定工地仓库大小，并按照标准化要求设置，进行防潮、防腐、防锈、防火等物资存储条件设置（图 1-45 和图 1-46）。

图 1-45　工地仓库外景

图 1-46　工地仓库内部

（六）工地供水

1. 供水方式选取：采用市政供水或自采水供水两种。

2. 用水量计算，根据混凝土生产用水量、蒸汽养护、自然养护、生产生活用水量的大小，合理确定蓄水池的容量，计算蓄水池占地。

（七）工地试验室

1. 根据生产进度指标要求，结合《高速铁路预制后张法预应力混凝土简支梁》（TB/T 3432—2016）、《高速铁路预制先张法预应力混凝土简支梁》（TB/T 3433—2016）、《铁路建设项目工程试验室管理标准》（Q/CR 9204—2015）及《预应力混凝土铁路桥简支梁产品生产许可证实施细则》（XK 17—004）相关规定，确定试验室房屋面积（图 1-47）。

2. 试验室房间数量及面积应满足所需试验设备仪器的安装场地及操作空间要求（一般不

小于 8 间×20 m^2/间)，办公室面积不计算在内(图 1-47)。

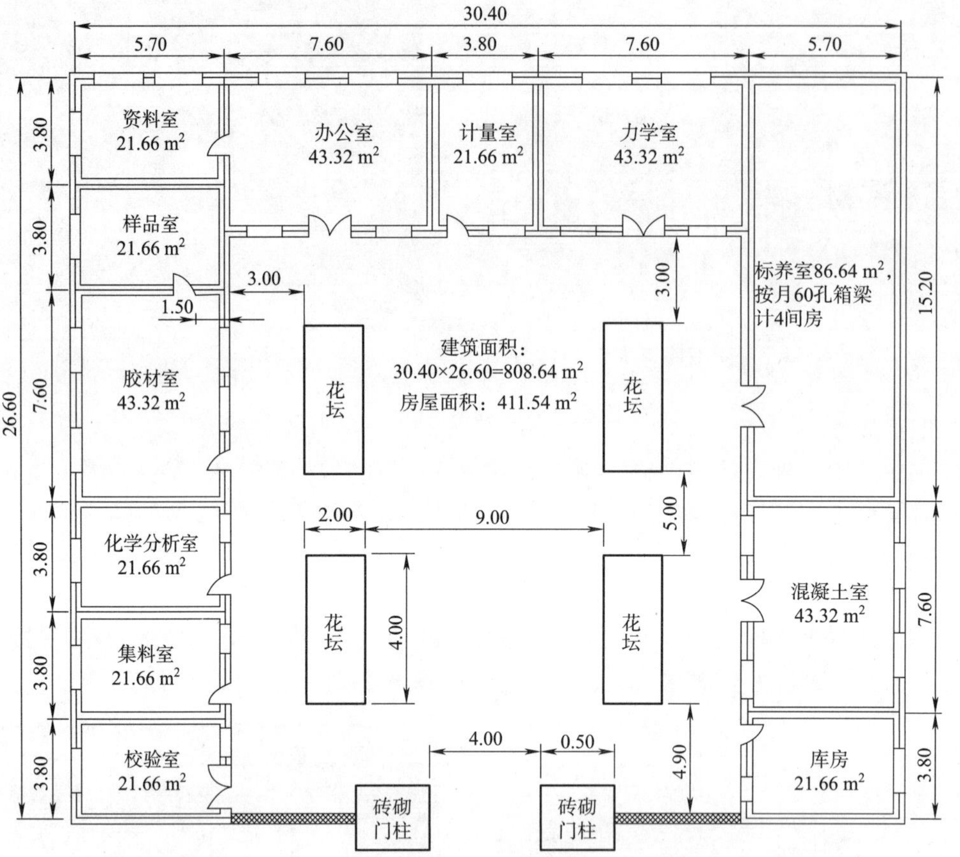

图 1-47　制梁场试验室布置图(单位:m)

(八)场内主干道

场内道路按照生产、生活分开设置的原则进行。主干道路应根据材料运输量、运输设备情况和车流量等因素综合考虑，确定生产区主要运输道路宽度。一般道路设置宽度为 8 m(图 1-48 和图 1-49)。

图 1-48　主干道全景

图 1-49　主干道防护措施

四、提梁上桥(装车)区域

根据现场实际情况结合预制梁体结构尺寸，合理确定预制梁体出场方式(图 1-50 和图 1-51)。

图 1-50　箱梁装运

图 1-51　T 梁装运

五、办公生活区

结合梁场所在地气候、地形、地貌、交通、水文等条件，按照“标准化、规范化、信息化、便利化”的原则，根据制梁场职能管理部门由“五部两室”机构的实际，以满足生产、生活为基本要求进行设置(图 1-52 和图 1-53)。

图 1-52　办公生活区效果图

图 1-53　办公生活区实景

第八节　水电用量的计算

一、施工用水量的计算

(一)工地施工用水量的计算 Q_1

梁体预制施工阶段施工用水量大，Q_1 主要以混凝土工程量为计算依据，根据每天确定混凝土施工实物工作量进行计算，并按照 1.5 倍的数量考虑富余系数(不含混凝土养护用水量，该用量按照混凝土养护用水定额 400 L/m³ 计算)。

(二)施工机械用水量的计算 Q_2

根据生产周期内，日最高生产任务量需用设备数量，结合其用水量进行计算，并按照 1.05～1.15 倍施工用水系数计算 Q_2。

(三)生活区用水量的计算 Q_3

根据生产周期内，施工现场高峰期施工人数，并按照定额 25 L/人计算，并按照 1.50～2.00 倍生活用水系数计算 Q_3。

(四)制梁场总用水量的计算 Q_4

计算总用水量还需要增加 15%，以补偿不可避免的水管漏水损失。

$$Q_4 = 1.15 \times (Q_1 + Q_2 + Q_3)$$

(五)梁场临时给水管网的布置

1. 临时给水管网的布置，取决于梁场的平面布置。一般按照生活区、办公区、制梁区、存梁区、保障区分区域设给水系统。每个系统都可以独立运行，又能保持系统间的相互联系，以保障用水安全和灵活。

2. 一般情况下，在拌和站区域根据生产周期内，日最大生产任务量需水量，设置蓄水池，以满足生产、生活所需用水。

3. 一般情况下输水主管采用直径 100 mm 管道，并应采取保温、防渗措施，保证冬季施工需要和减少渗漏。

4. 施工用水必须经过水质化验，符合要求后，方可使用。施工用水应从水质、水量大小、水压及供水设施等几个方面综合考虑。

二、施工用电量的计算

(一)变压器房的布置

1. 变压器布置要求紧凑合理，便于设备操作、搬运、检修、巡视，尽量采用自然采光和自然通风。

2. 变压器房、配电室的门应向外开。相邻配电室之间有门时，该门应该双向开启或向低压方向开启。

(二)用电负荷的计算及布置

1. 电力供应首先要确定总用电量，以便选择合适的发电机、变压器，一般采用地方电网供电。

2. 根据生产周期内，日最高生产任务量需用设备、办公、生活用电量进行计算，并按照 1.10～1.15 倍安全系数计算。工地施工用电量，采用估算公式进行计算，采用三相五线制。

$$S_{总} = 1.10 \times \left(\frac{\sum P_1 k_1 k_2}{\eta \cos\varphi} + \sum P_2 k_3 \right)$$

式中 $S_{总}$——施工总用电量(kV·A)；

$\sum P_1$——整个工地动力设备的额定输出功率总和(kW)；

$\sum P_2$——整个工地照明用电量总和(kW)；

η——动力设备的平均效率，取 0.85；

$\cos\varphi$——平均功率因数，采用 0.7；

k_1——动力设备同时使用系数，采用 0.85；

k_2——动力负荷系数，采用 1.0；

k_3——照明设备同时使用系数，采用 0.9。

3. 根据估算施工总用电量来选择变压器，其容量应等于或略大于施工总用电量。在使用过程中，一般使变压器用电负荷达到额定容量的 80%左右为宜。

4. 梁场一般按照生活区、办公区、制梁区、存梁区、保障区、提梁上桥区（装车区）分区域设置供电系统，并在每个区域内根据设施的重要性和生产对其依赖的程度设置不同的配电柜，使得每个供电系统都可以独立运行，即使同一个区域内某个电路出现问题，也不至于影响区域供电，更不会影响到整个梁场供电系统的正常运行。

第二章　设备(工装)选型

第一节　混凝土设备选型

一、铁路预制简支梁对混凝土设备的要求

(一)根据《高速铁路预制后张法预应力混凝土简支梁》(TB/T 3432—2016)第3.3.5条混凝土灌注工艺应符合下列规定：

(1)混凝土胶凝材料总量不应超过500 kg/m^3,水胶比不应大于0.35。混凝土原材料配合比、拌和和灌注应符合TB/T 3275的有关规定。

(2)混凝土配料应采用自动计量及自动投料装置,粗、细骨料中的含水率应及时测定,并按实际测定值确定施工配合比;不应在拌和物出机后加水。

(3)在配制混凝土拌和物时,水、水泥、掺和料、外加剂的称量应准确到±1%,粗、细骨料的称量应准确到±2%(均以质量计)。拌和机自动计量装置应即时显示称量误差。

(4)箱梁应采用泵送混凝土连续灌注、一次成型,灌注时间不宜超过6 h或不应超过混凝土的初凝时间。T梁灌注总时间不宜超过3.5 h。

(5)泵送时输送管路的起始水平段长度不宜小于15 m,除出口处外,输送管路其他部分不应采用软管或者锥形管。输送管路应固定牢固,且不应与模板或钢筋直接接触。泵送过程中,混凝土拌和物应始终连续输送。高温或低温环境下输送管路应分别采用湿帘或保温材料覆盖。其余技术指标应符合JGJ/T 10的规定。

(二)根据《高速铁路预制先张法预应力混凝土简支梁》(TB/T 3433—2016)第3.3.7条混凝土施工工艺应符合下列规定：

(1)混凝土胶凝材料总量不应超过500 kg/m^3,水胶比不应大于0.35。混凝土原材料配合比、拌和和灌注应符合TB/T 3275的有关规定。

(2)混凝土配料应采用自动计量及自动投料装置,粗、细骨料中的含水量应及时测定,并按实际测定值确定施工配合比;不应在拌和物出机后加水。

(3)在配制混凝土拌和物时,水、水泥、掺和料、外加剂的称量应准确到±1%,粗、细骨料的称量应准确到±2%(均以质量计)。拌和机自动计量装置应即时显示称量误差。

(4)箱梁应采用泵送混凝土连续灌注、一次成型,灌注时间不宜超过6 h或不应超过混凝土的初凝时间;T梁灌注总时间不宜超过3.5 h。

(5)泵送时输送管路的起始水平段长度不宜小于15 m,除出口处外,输送管路其他部分不应采用软管或者锥形管。输送管路应固定牢固,且不应与模板或钢筋直接接触。泵送过程中,混凝土拌和物应始终连续输送。高温或低温环境下输送管路应分别采用湿帘或保温材料覆盖。其余技术指标应符合JGJ/T 10的规定。

(三)根据《铁路混凝土》(TB/T 3275—2011)第8.1.1条、第8.3.2条、第8.3.3条混凝土

施工应满足以下要求：

8.1.1 混凝土应采用拌和站集中搅拌，混凝土制品应实行工厂化生产。

8.3.2 混凝土的搅拌应满足如下要求：

(1)应采用强制式搅拌机搅拌，搅拌机的性能及维护应满足 GB/T 9142 的要求。

(2)各种原材料计量设备的最大允许偏差应符合下列规定(按重量计)：胶凝材料(水泥、矿物掺和料等)±1%；外加剂±1%；粗、细骨料±2%；拌和用水±1%。

(3)搅拌时的投料顺序宜为：先投入骨料、水泥和矿物掺合料，搅拌均匀后，加水和液体外加剂(粉体外加剂应与矿物掺合料同时加入)，直至搅拌均匀为止。水泥的入机温度不应高于 70℃。

(4)搅拌时间应以自全部材料装入搅拌机开始搅拌至搅拌结束开始卸料所用时计，混凝土连续搅拌时间应根据配合比和搅拌设备情况通过试验确定，但最短搅拌时间不宜少于 2 min。

8.3.3 混凝土的运输应满足如下要求：

(1)运输设备的运输能力应适应混凝土凝结时间和浇筑速度的需要，保证浇筑过程连续进行。

(2)运输设备应具备防止混凝土发生离析、漏浆、泌水以及防晒及防冻等功能。

8.3.5 混凝土的振捣应满足如下要求：

(1)振捣设备的类型、振捣频率和振捣强度应与混凝土的结构类型和工作性能相适应。

(2)振捣时间和振捣半径以混凝土振捣密实为原则确定，避免过振或漏振。

二、混凝土生产过程中对设备的要求

(一)混凝土生产设备的要求

混凝土生产过程是预制梁体质量控制的关键环节，控制效果的好坏直接表现在拌和物的均匀性、施工性、强度保证率和生产成本的高低上。高强度、高耐久性的高性能混凝土，对混凝土设备要求更高，为生产出高质量的混凝土，缩短混凝土搅拌、运输时间，满足快速施工需求，为此要求混凝土设备硬件要过硬，搅拌、输送的混凝土质量要符合拌和物匀质性指标和计量误差要求。

(二)混凝土生产过程两个关键环节：计量和搅拌

1. 计量方面，除要满足设备可靠、定期检修外，操作者和质检人员还应加强监视，及时分析打印报表，一旦发现误差超出或虽在允许范围内，但连续或稳定负(正)偏差，应及时查找原因，及时排除。

2. 搅拌是整个生产过程中核心环节，在该环节任何一个小的错误或失误都会给后续的工序带来麻烦。混凝土拌和站的生产属于连续性生产线，生产任务量相对比较集中，为保证拌制出符合施工需求的高性能混凝土，采用卧轴式主机。

3. 环保要求。由于混凝土在生产过程中会产生大量粉尘、噪声，因此，在环境保护方面要做到整机在全密闭环境中工作，最大限度地减轻粉尘与噪声污染；搅拌主机和粉料称量斗应采用密闭气袋式除尘或强制除尘装置，粉料罐顶部采用 WAM 收尘机，过滤面积大，除尘效率高达 99.9%；气动系统各排气口装有消声器，搅拌机配原装进口减速机。

三、混凝土设备的选用

箱梁灌注采用泵送混凝土工艺；T梁灌注采用吊斗工艺。简支梁预制混凝土设备主要包括拌和站、混凝土输送泵、混凝土运输设备等。

（一）拌和站的选用

1. 性价比的选择。应根据混凝土方量，生产集中程度，配备与之相配套的搅拌机组。根据生产能力、质量、节能、环保及自动化控制等方面，结合价格、维修和售后服务等方面选取，搅拌设备选型上应该注重费效比。

2. 生产能力的选择。高性能混凝土要求搅拌的时间长（每盘搅拌时间为90～150 s），搅拌机组的实际生产率一般为理论生产率的40%～60%之间。箱梁场拌和站必须设双HZS120型以上搅拌机组（可根据生产高峰期临时增加）、T梁场拌和站设置HZS90站即可（实际可根据生产任务量调整）。

3. 混凝土搅拌车的选型应与拌和站的搅拌能力适应，考虑到线下施工需求时，可结合适合施工地点的地形，一般平原地带应选择9 m^3、12 m^3的车型，交通不便的山区应选择6 m^3、7 m^3的车型。

4. 箱梁场拌和站必须设双HZS120型以上搅拌机组，配4辆以上混凝土运输车（可根据生产高峰期临时增加）。

（二）泵送设备的选用

1. 根据单跨箱梁混凝土方量、标准规范要求的单跨箱梁灌注时间、施工条件、灌注工艺选用混凝土输送泵。输送泵的选用还要结合混凝土的拌制量、浇筑灌注工作面的情况选用。

2. 一般选用配备2台HBT90型拖式混凝土输送泵，并备用1台；并选与之配套的布料半径为19 m的水平式布料机（布料机的布料半径与梁体桥面宽度有关，也可结合线下工程具体情况选用扬臂折叠式布料机）；布料机的选用必须考虑到在布料半径范围内无死角（图2-1和图2-2）。考虑到线下施工需求，也可结合工程特点采用37 m、42 m汽车泵。

图2-1　布料机灌注作业1

图2-2　布料机灌注作业2

3. 生产场地的协调

应结合施工场地具体的情况进行拌和站的平面布置，结合设备资源和施工方案，确定泵送方案。

(1)从节约成本角度考虑，箱梁预制、墩台施工共用一套拌和站时(运距大于 300 m 及以上)，则采用混凝土运输车灌注方案：拌和站＋混凝土运输车＋混凝土泵＋布料杆。

(2)仅从箱梁预制角度考虑(运距在 300 m 及以下，箱梁数量低于 300 跨)时，则可以采用直接泵送灌注方案：拌和站＋混凝土泵(在混凝土拌和站下)＋输送管道＋布料杆。此种方案目前现场较少采用。

(三)其他设施

1. 备用电源。为防止停电造成混凝土生产中断，酿成质量事故，每个拌和站必须配备与混凝土生产机组相匹配发电机 1～2 台。

2. 冲洗设备。配备骨料清洗设备，控制骨料的含泥量和泥块含量，清洗能力应该与生产能力相匹配。并应在拌和站入口设置车辆冲洗机和清洗槽，防止车辆将泥土带入拌和站。

3. 锅炉和制冷制备。为保证冬、夏期施工的正常进行，控制混凝土入模温度，拌和站应购入与生产能力相配套蒸汽锅炉和制冷制备。锅炉应选择能耗低、环保的锅炉，合理布置蒸汽养生管道，做好管道的保温，提高养护棚密封程度，降低热量损失。

第二节　移运梁设备选型

一、梁体预制对移运设备的要求

1. 梁体在制梁台座上完成初张拉(先张梁放张后)，即可通过移、运设备搬移至存梁区，在存梁区按相关技术要求完成后续施工内容后，即可搬移至装梁区进行桥梁架设。

2. 根据《高速铁路预制后张法预应力混凝土简支梁》(TB/T 3432—2016)第 7.3 节："预制梁在制梁场内运输、起落梁和出场装运、落梁均应采用联动液压装置或三点平面支撑方式，运输和存梁时均应保证每支点实际反力与四个支点的反力平均值相差不超过±10%或四个支座板不平整量(两对角支点高程之和的差)不应超过 2 mm。"

3. 根据《高速铁路预制先张法预应力混凝土简支梁》(TB/T 3433—2016)第 7.3 节："先张梁在制梁场内运输、起落梁和出场装运、落梁均应采用联动液压装置或三点平面支撑方式，运输和存梁时均应保证每支点实际反力与四个支点的反力平均值相差不超过±10%或四个支座板不平整量(两对角支点高程之和的差)不应超过 2 mm。"

二、移运梁设备类型

移梁设备：轮胎式搬运机(图 2-3 和图 2-4)、轮轨式搬运机(图 2-5)、移梁小车(图 2-6 和图 2-7)、运梁车(图 2-8)、运架一体机(图 2-9 和图 2-10)等。目前现场箱梁场以轮胎式搬运机为主，当预制梁体数量较少时也可采用移梁小车。

图 2-3　箱梁轮胎式搬运机

图 2-4　T梁轮胎式搬运机

图 2-5　箱梁轮轨式搬运机

图 2-6　箱梁移梁小车

图 2-7　T梁移梁小车

图 2-8　箱梁运梁车

图 2-9 箱梁运架一体机运梁状态

图 2-10 箱梁运架一体机架梁状态

装梁设备:大吨位龙门吊、搬运机配合运梁车、运架一体机等。箱梁场当采用跨墩提梁方案时,采用 2 台 450 t 提梁门吊配合场内移梁设备进行装梁作业(图 2-11);当采用运梁马道方案时,除采用门吊装梁方案外,也可采用搬运机或运架一体机进行装梁作业。T 梁场一般采用 2 台 100 t 提梁门吊配合场内移梁设备进行装梁作业(图 2-12)。

图 2-11 箱梁装运

图 2-12 T 梁装运

三、移运梁设备的选用

1. 铁路箱梁一般采取先架后铺方式，即先进行桥梁架设，然后进行铺轨作业，箱梁采取轮胎式运梁车方式（图 2-13）。铁路 T 梁一般采取先铺后架方式，即先进行钢轨铺设，然后向前推进桥梁架设，T 梁一般采取火车运梁方式（图 2-14），也可根据总体施组及设备情况采用公路架桥机架设方案。

图 2-13　箱梁装运架方式

图 2-14　T 梁装运架方式

2. 移运梁设备的选型

（1）梁体在预制梁场内的运输主要有搬运机搬移方式和移梁小车移运两种。目前箱梁场以搬运机为主，T 梁场以移梁小车为主，T 梁也有采用搬运机方式。

（2）移运梁设备选用比选

1）搬运机具有机动灵活、节约占地面积的优点。可实现双层存梁，但设备购置费用高，使用、维修、保养、进出场费用大，施工中对设备依赖性高。移梁小车在生产中的机动灵活性较差，施工中对设备依赖性显著降低，使用、维修、保养费用低，但其基础处理费用大，不能实现双层存梁。

2）搬运机方式的特点及适用条件：搬运机采用了四点起吊三点平衡技术，满足了梁体移运过程中的技术要求；台座的排列方式灵活；存梁方式灵活，可采用单层或双层；工序简捷、操作方便，一般情况下一个预制场配置一套即可。适用于预制场规模大、工期紧、要求制梁速度快，或梁场布置受到场地限制时优先采用。

3）移梁小车方式的特点及适用条件：移梁小车通过刚性台车和柔性台车（将梁体支撑点两点转换成一点）完成了四点起运三点平衡技术，满足了梁体移运过程中的技术要求；采用移梁小车时，台座排列方式受移梁方式影响较大，只能采用单层存梁；梁体移运工序繁琐，每移走、架设一跨箱梁，同列中的其他箱梁均需挪动一次；移梁小车体积小、重量轻、设备简洁，一次性投入的机械设备费用少。采用移梁小车方式不能省去装车用提梁门吊。适用于地质条件好、预制场规模相对较小、场地开阔地区使用。

不同移梁设备技术性能及适用条件见表 2-1。

表 2-1　不同移梁设备技术性能及适用条件表

项目＼类型	轮胎式搬运机	轮轨式移梁小车
使用效率	单台座制梁工序周期为 5 天	单台座制梁工序周期为 6 天
适用条件	适用范围广泛，尤其当场地受到限制时，可通过双层存梁减少制梁场占地	适用于梁场规模小、地质条件好、场地开阔情形，存梁方式为单层存梁
作用模式	单台设备移运箱梁，可实现纵向、横向、纵横向等移位，可实现装车作业，也可与装梁门吊配合使用	一套(2 台)移梁台车，实现梁体移位，仅能进行一个方向的位移，必须与装梁门吊配合方可完成装梁作业
走行方式	方式灵活，无须设置轨道	需设移梁台车走行轨道，轨道铺设量大
基础费用	基础处理方式简单、费用较低，可采用混凝土或级配碎石	对基础沉降要求高、处理方式复杂，费用高，轨道下需做钢筋混凝土
人员素质	机电液一体化产品，技术含量高，维护使用成本高；对操作人员素质要求高	机电液一体化产品，维护使用成本低，操作方便，一般人员即可操作

3. 移运梁设备的选定

(1)当在石方地段或者地质条件较好的区域选择梁场时，宜优先选用双层存梁方案(因为地质条件本身能满足承载力要求)，采用搬运机。当地质条件较差时，采用双层存梁节约土地的费用小于基础施工的费用时，建议采用搬运梁机单层存梁方案。

(2)当采用运梁马道装梁时，梁场规模较小、工期不紧张的情况下，运距在 15 km 以内时，采用运架一体机更为有效，既可以省去 2 台 450 t 装梁龙门吊购置费，又可以省去其基础费用，还可进行梁体装车；当受到梁场地形限制时，梁场面积较小时宜优先选用搬运机。

(3)梁场移、运梁设备的选择，除上述因素外，还需结合线路条件、梁体预制工艺规划、企业资源情况、施工方案等因素综合确定。

4. 装梁设备的选定

(1)梁体预制完成后，即可通过装梁门吊装梁上车，运送到架设桥位。

(2)箱梁场采用跨墩提梁方案时，采用 2 台 450 t 提梁门吊配合场内移梁设备进行装梁作业；当采用运梁马道方案时，除采用门吊装梁方案外，也可采用搬运机或运架一体机进行装梁作业。T 梁场一般采用 2 台 100 t 提梁门吊，配合场内移梁设备进行装梁作业。

第三节　钢筋(张拉)设备选型

一、梁体预制对张拉设备的要求

根据《高速铁路预制后张法预应力混凝土简支梁》(TB/T 3432—2016)第 3.3.9 条：“预应力施工宜采用自动控制张拉系统。”

第 3.3.10 条：“张拉用千斤顶的校正系数不应大于 1.05，油压表的精度不应低于 1.0 级。千斤顶标定的有效期不应超过一个月，且不应超过 200 次张拉作业。油压表检定周期不应超过一周，且宜采用耐震压力表。当采用 0.4 级压力表时，检定周期可为 30 d，但每周应进行定期校准。千斤顶张拉吨位不应小于张拉力的 1.2 倍，且不应大于张拉力的 2 倍。”

二、张拉设备的选用

(一)张拉千斤顶吨位的选用

1. 张拉设备所需张拉力由预应力钢筋要求的张拉力大小确定。张拉力由式(2-1)计算确定：

$$N=\sigma_{con}A_y \tag{2-1}$$

式中 N——预应力钢筋张拉力(N)；

σ_{con}——预应力钢筋的张拉控制应力(MPa)；

A_y——预应力钢筋的截面积(mm^2)。

2. 根据相关规范规定，张拉设备张拉能力一般取张拉力的 1.5 倍，且不得小于 1.2 倍，张拉千斤顶在张拉前必须经过校正，校正系数不得大于 1.05。

(二)张拉千斤顶行程的选用

张拉设备所需要的行程长度，应满足预应力钢筋张拉时的伸长需求，伸长值由式(2-2)计算确定，并适当留有 20～50 mm 富余量即可。张拉千斤顶行程长度由式(2-2)计算确定：

$$\Delta L=\Delta L_1+\Delta L_2 \tag{2-2}$$

式中 ΔL——实际伸长值(mm)；

ΔL_1——从初应力到最大张拉应力间的实测伸长值(mm)；

ΔL_2——初应力以下的推算伸长值(mm)。

(三)压力表的选用

压力表应选择防振型，表面最大读数应为张拉力的 1.5～2.0 倍，精度不应低于 1.0 级，优先选用 0.4 级。当采用 1.0 级时，校正有效期为一周；采用 0.4 级时，校正有效期为一个月。

(四)油泵的选用

油泵的油箱容量宜为张拉千斤顶总输油量的 1.5 倍，额定油压数宜为使用油压数的 1.4 倍。

(五)张拉施工中应注意的问题

1. 预应力设备应建立台账及卡片并定期检查，油泵、压力表、千斤顶应配套校正使用。

2. 施工前必须按照调整后的应力值进行张拉计算，并应对梁体质量、下料长度(一般为工作长度加上工艺长度)、钢绞线线径(必须使用与之对应的限位板槽深)、弹性模量(注意同束内 3 GPa 要求)、批次进行认真核对。

3. 预应力钢筋张拉施工中，以应力控制为主，伸长值校核为辅。实际伸长量与理论伸长量差值应控制在±6%以内，否则应暂停张拉，待查明原因并采取措施调整后，方可继续张拉。

4. 张拉过程中，注意加载速度必须满足相关规范规定，张拉中注意同束预应力钢筋两端不同步率满足 5%的规定。

5. 重要提示：预应力计算中必须注意锚下控制应力、锚外控制应力、有效应力三种描述的区别，切忌盲目套用公式。

三、钢筋加工设备的选用

随着社会经济的不断发展和精细化管理要求的不断深入，铁路建设大规模的发展，大梁场、超大梁场的频频出现，在现有资源情况下，要加快梁体预制速度、缩短生产周期，结合桥梁产品取证实施细则的逐步细化对桥梁产品外形、外观提出了更高的要求和新生代农民工的不愿从事重体力劳动、劳动力成本的逐步提高的现实，为降低工种对从业人员熟练程度的要求和过度依赖，提高梁场现代化施工水平，钢筋加工设备采用了人机亲和度较高的智能数控系统数控钢筋加工设备(图 2-15)。

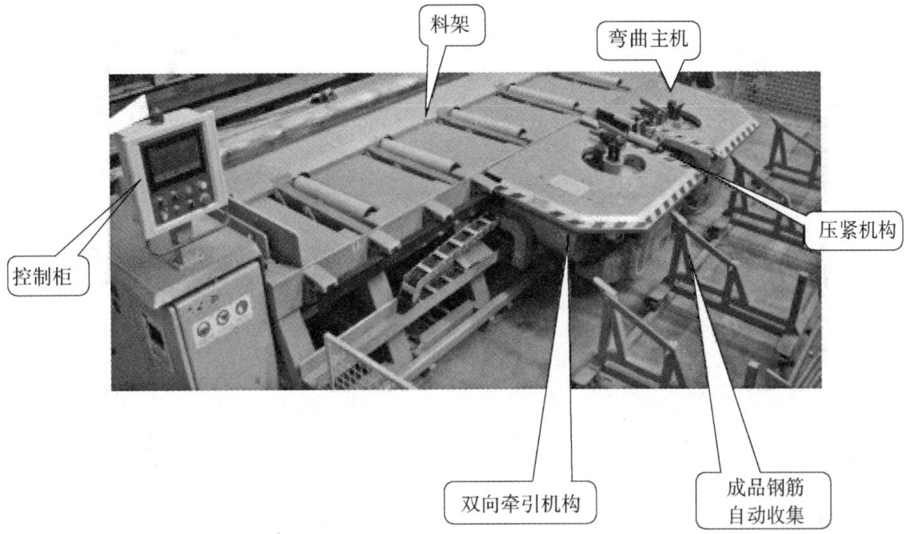

图 2-15　数控钢筋弯曲机

数控钢筋弯曲机对批量生产的钢筋加工更为有利，最大能加工直径 $\phi 32$ mm 的高强度螺纹钢，有两个机头在特定的轨道上可以自由移动弯曲，具备在一个工作单元内同时进行双向弯曲的加工能力，加工精度高、生产效率高，每个工作班相比普通弯曲机可替代 10 名操作工的加工量。数控钢筋加工工艺能源消耗大幅度降低，操作简单，相应设备流程布局合理，具备了省时、省力、省料、省地。钢筋加工弯制采用数控剪切线、弯曲中心，通过技术推动成本控制，加快施工进度，对所需的钢筋按预先设定好的程序进行加工。保证了钢筋的定尺、调直、切断、弯箍精度，具备了一次弯制合格率较高的特点，大大提高了生产效率，作业人员的劳动强度大为减轻，完善和提高了钢筋标准化作业水平。

第四节　制梁工装(设备)选用

一、预制简支梁主要工装设施

根据《预应力混凝土铁路桥简支梁产品生产许可证实施细则》(XK 17—004)及生产实际，

简支梁预制主要工装：制梁台座、存梁台座、制梁模板、钢筋绑扎胎具、钢筋吊具、防雨棚、混凝土养护装置、静载试验装置等。

二、主要工装选用

（一）制梁台座

1. 制梁台座分为先张梁台座和后张梁台座两种。制梁台座是预制简支梁的重要设施，是整个梁场的核心，所有设施均以制梁台座为中心展开布置（图 2-16 和图 2-17）。制梁台座不仅承载模板安装和拆卸、钢筋安装、灌注梁体混凝土的质量，也承受着预应力钢筋在梁体制作时的全部张拉力。因此要求制梁台座必须具有足够的强度、刚度、稳定性，当预制大截面、大吨位箱梁时还要求制梁台座不能产生大于 2 mm 的不均匀沉降，以确保梁体质量。

图 2-16　后张箱梁制梁台座

图 2-17　后张 T 梁制梁台座

2. 制梁台座一般采用钢筋混凝土结构，混凝土强度等级采用 C20。考虑到张拉后，制梁台座两端受力，为防止台座沉降变形，一般在制梁台座端部采取截面加大或者其他措施进行处理。

3. 制梁台座设计时，应本着满足使用、经济合理、技术先进、安全可靠的原则进行。应根据地质情况确定制梁台座的结构及基础处理方式；根据生产进度指标确定制梁台座的数量；根据采用工艺确定制梁台座布置方式。

（二）存梁台座

1. 预制梁在制梁台座上完成初张拉后（先张梁放张后），即可移至存梁台座上，并在存梁区做好简支梁的后续工序施工，并为架梁做好准备。存梁台座设置以便于施工、满足梁体存放质量为原则。要求台座各支点平整，保证存梁支点高差满足要求，防止梁体由于支点高差过大产生开裂，同时要求梁体存放悬出长度应满足规范和图纸要求。

2. 存梁台座（图 2-18 和图 2-19）数量应根据存梁数量、架设进度、预制梁存放时间、生产效率等因素综合确定。存梁台座一般采用钢筋混凝土结构，混凝土强度等级采用 C20。

图 2-18　箱梁双层存梁台座

图 2-19　T 梁双层存梁台座

3. 存梁可以采用单层存梁形式或多层存梁形式。存梁形式与移运梁设备、场地地质情况、施工工艺有关,现场应根据具体情况而定。

(三)制梁模板

1. 模板是简支梁预制过程中重要的工装,一般采用分块加工、现场整体拼装使用。预制 T 梁模板由底模板、侧模板、端模板组成。预制箱梁(异形梁)模板由底模板、侧模板、端模板、内腔模板组成。

2. 模板设计、加工、安装必须满足预制梁施工的强度、刚度、稳定性和安全操作要求。采用分块设计组装成整体的构件形式,模板各段间的连接应便于现场安装、拆除和转场使用;组装构件满足道路交通的运输要求;使用功能满足梁场规划、施工工艺和生产能力要求;周转次数不少于 200 次。

3. 由于梁体预施应力后会产生上拱,且在存梁期间随着混凝土的收缩、徐变又会使梁体产生一定程度拱度,为保证预制梁面的平整度,保证线路运营后的平顺性,在底模铺设、模板制作时应设置一定的反拱,一般反拱值按照二次抛物线设置。

4. 由于梁体预施应力后随着混凝土的收缩、徐变,梁体长度、跨度会产生发生变化,为保证预制梁体尺寸满足规范规定,一般在底模铺设、模板制作时设置一定量的预留压缩量。压缩量按照梁体底部、顶面分别设置,通过分块计算设置,模板整体拼装成型后实现。

5. 预制箱梁模板:由底模、外侧模、内模、端模组成,一般采用端模包裹侧模的连接方式。

(1)底模:结构形式一般采用固定式。底模分块制作,整体安装使用,采用 12 mm 优质 Q235A 面板与 16# 槽钢组焊成框架式结构,沿纵向按抛物线预设反拱,根据设计要求预留反拱度及压缩量。底模通过焊接或螺栓与制梁台座条基相连,安装好的模板平整度需达到设计要求,底模在使用过程中不应发生变形和基础下沉现象。

(2)外侧模(图 2-20):采用大刚度、整体式模板,与制梁台座配套设计。现场一般有固定式和侧向整体滑移式两种。侧模采用工厂分段加工,现场螺栓连接组装后,焊接成整体使用,接缝处错台小于 1 mm,侧向弯曲小于 3 mm/m。面板采用 8 mm 厚的 Q235A 钢板,主桁架应采用 160# 工钢；加强肋采用 160 槽钢，间距不大于 300 mm。

(3)内模一般采用液压可收缩，整体安装、整体拆除方式。箱梁预制场内模多采用“上支式结构形式”的模板结构(图 2-21)。内模支撑及连接应牢固，并确保在浇筑混凝土时无上浮现象，大梁与支撑整体采用压板形式，保证大梁与支撑连成整体，内模隔墙段与端模通过螺栓连成整体(连接孔采用长腰孔连接)，保证内模在使用过程中无侧移、上浮现象。

图 2-20　箱梁外侧模板

图 2-21　箱梁内模板

(4)端模应具有足够的刚度，并应满足多次拆装后平整度及刚度满足预制箱梁的技术要求，端模面板采用 12 mm 厚 Q235A 钢板。

6. 预制 T 梁模板：由底模、侧模、端模组成。一般采用端模包裹侧模的连接方式。

(1)底模板：结构形式一般采用固定式。底模分块制作，整体安装使用，采用 12 mm 优质 Q235A 面板与 16# 槽钢组焊成框架式结构，沿纵向按抛物线预设反拱，根据设计要求预留反拱度及压缩量。底模通过焊接或螺栓与制梁台座条基相连，安装好的模板平整度需达到设计要求，底模在使用过程中不应发生变形和基础下沉现象。

(2)侧模板：采用大刚度、整体式模板，与制梁台座配套设计。现场施工采用分块吊装式和整体式两种。整体式又分为固定式、侧向滑移式两种。外侧模采用工厂分段加工，根据工地现场实际工艺情况确定使用方式。侧模板在设计、制造时应预留反拱值和预留压缩量，侧模面板采用 8 mm 厚的 Q235A 钢板。

侧模板支撑立柱选用 16# 工字钢并加封 8 mm 钢板进行加固，针对桥面拆模时需安装千斤顶位置处的立柱，需要进行双 16# 工字钢加固，确保该位置处立柱不因经常使用而产生疲劳变形，该立柱具体位置，应满足模板安装过程中工人操作扳手拧动空间需要，该位置处面板连接边必须进行加固，以免造成因为该部位多次重复使用而形成疲劳破坏和变形。

为确保 T 梁外观质量得到进一步改善，T 梁横隔墙处模板应采用数控折弯成型，保证隔墙处面板拐角光滑过渡，并在制作模板时增大横隔墙内、外口和上、下口坡度，便于制梁完成后梁体的脱模。

(3)侧模板与底模板连接方式：目前主要有两种，一种是通过对拉螺杆连接和通过扁担梁上的楔块紧固。通过对拉螺杆连接可确保在混凝土浇筑过程中，底模与侧模配合紧密，不漏浆；另一种是通过扁担梁上的楔块对侧模与底模进行紧固连接的方法，其操作简便、成本低，但不适合跟液压驱动系统一起使用。

(4)端模应具有足够的刚度,并应满足多次拆装后平整度及刚度的要求,应在端模后部设置预应力预留管道橡胶管导向滚杆,以保证预留管道质量和减少施工中对橡胶管损坏,端模面板采用 12 mm 厚 Q235A 钢板。

(四)钢筋绑扎胎具

根据《高速铁路预制后张法预应力混凝土简支梁》(TB/T 3432—2016)第 3.3.4 条、《高速铁路预制先张法预应力混凝土简支梁》(TB/T 3433—2016)第 3.3.5 条,为保证预留管道、预应力筋及钢筋位置符合规范要求,保证钢筋绑扎连接精度,避免钢筋绑扎中间距不均匀、错筋、漏筋等现象发生,提高生产效率,钢筋绑扎均在专用绑扎胎具上进行。

1. 箱梁钢筋绑扎

分为底、腹板钢筋与顶板钢筋分体绑扎方式(图 2-22)和底、腹板与顶板钢筋整体绑扎两种方式(图 2-23)。目前现场主要采用整体绑扎方式。

图 2-22　箱梁底、腹板、顶板钢筋分体绑扎

图 2-23　箱梁底、腹板、顶板钢筋整体绑扎

2. T 梁钢筋绑扎

由于受结构截面限制,T 梁只能采用底、腹板钢筋与顶板钢筋分体绑扎方式(图 2-24 和图 2-25)。

图 2-24　T 梁底、腹板钢筋绑扎

图 2-25　T 梁底、腹板、顶板钢筋绑扎

（五）钢筋吊具

钢筋骨架绑扎完成后，通过专用吊具进行吊装（图 2-26）。吊具应有足够的强度和刚度，并具有保证钢筋骨架在吊运过程中不会发生变形、扭曲的能力，吊具起吊时挠度不应大于 1/250。

吊点的设置应按照钢筋骨架变形量最小、连接方便的原则进行。起吊钢筋笼的吊点间距纵向不大于 2.5 m，横向不大于 3.0 m。吊钩固定后由专人检查吊点和连接钢丝绳，确保全部吊点均匀受力，连接牢固（图 2-27）。

图 2-26　箱梁钢筋吊具

图 2-27　箱梁钢筋吊装

（六）防雨（遮阳）棚

根据《高速铁路预制后张法预应力混凝土简支梁》（TB/T 3432—2016）第 3.3.5 条、《高速铁路预制先张法预应力混凝土简支梁》（TB/T 3433—2016）第 3.3.7 条，夏期浇筑混凝土时应采取防雨、防晒、降温措施。为保证预制梁体混凝土施工质量，工地现场一般采用可移动式防雨（遮阳）棚。

（七）静载试验台

1. 铁路预应力混凝土简支梁静载弯曲抗裂试验，是检验桥梁产品在试验荷载作用下的工作情况，判断桥梁结构刚度抗裂度是否满足设计要求，是对预制简支梁产品结构、受力性能进行最终检测试验的主要内容，是检验桥梁使用性能这一关键项点、综合指标的重要技术手段，是发现桥梁制作质量问题的最重要的标准之一。

2. 根据《预应力混凝土铁路桥简支梁静载弯曲试验方法及评定标准》（TB/T 2092—2003）第 2.3 节，试验时需具有试验台座、加力架、千斤顶、油泵、标准油压表或压力传感器等加力设备和计量仪器，其工作能力控制在 1.5～2.5 倍最大试验荷载之间。

3. 静载试验台分为传统重力地锚式（图 2-28）和自平衡反力式（图 2-29）两种。一般情况下，箱梁多以自平衡反力式试验台应用居多；T 梁静载试验台两种方式均有应用。

图 2-28　传统重力式静载试验台

图 2-29　自平衡反力式静载试验架

三、制梁用工装(设备)

根据《预应力混凝土铁路桥简支梁产品生产许可证实施细则》(XK17-004)“第三章　生产和检验设施设备”相关条款要求结合生产实际需要，铁路简支梁预制所需主要设备(工装)设施，主要检验设备见表 2-2～表 2-5。

表 2-2　预应力混凝土简支箱梁预制主要设备(工装)表

序号	生产设备(工装)名称	规格型号	数　量	单　位	备　　注
1	搅拌站	HZS180	2	座	
2	压浆台车	JS-400-V	2	台	
3	压浆泵	ZB4-1-1	2	台	
4	真空泵	FZB4-2	2	台	
5	混凝土泵	HBT90×21×220SU	4	台	
6	液压布料机	HGY-19P	6	台	
7	蒸汽锅炉	DZL6-1.25	1	台	
8	电动油泵	ZB4-500	16	台	
9	静载千斤顶	YD200 型-200	12	台	
10	张拉千斤顶	YDCW2500CA-200	5	台	
11	张拉千斤顶	YDCW3500CA-200	5	台	
12	龙门吊	SMQ40/10-40 m	2	台	
13	龙门吊	SG100/10-40 m	2	台	
14	桥式起重机	LDYH10 t	2	台	
15	轮胎式搬运机	900 t	1	台	当采用移梁小车时，无此项设备
16	移梁台车	YLC900T	3	套	当采用 900 t 搬运机时，无此设备
17	发电机	DSC550	1	台	
18	制梁台座	24 m/32 m	10	座	具体根据生产进度确定
19	存梁台座	24 m/32 m	80	座	具体根据生产进度确定
20	模板	24 m/32 m	10	套	(底、侧、内、端配套)

续上表

序号	生产设备(工装)名称	规格型号	数 量	单 位	备 注
21	定位网片焊接胎卡具	24 m/32 m	4	套	
22	钢筋绑扎胎卡具	24 m/32 m	4	套	
23	钢筋吊具	24 m/32 m	1	个	
24	混凝土灌注防雨棚	24 m/32 m	1	个	
25	压浆台车防雨棚	—	1	个	
26	拔管机	ZXZ-T	1	台	
27	混凝土灌注蒸养棚	—	1	个	
28	钢筋吊具	24 m/32 m	1	套	
29	钢筋调直机	GT14	2	台	
30	钢筋切断机	GQ40	4	台	
31	钢筋弯曲机	GW40	4	台	
32	全自动钢筋箍筋弯曲机	GF-25	1	台	
33	钢筋对焊机	UN100	2	台	
34	静载试验反力架及其配套设施	24 m/32 m	1	套	

表 2-3　预应力混凝土简支箱梁预制主要检测设备表

序号	检验设备名称		设备规格型号	数量	精度或测量范围
1	全自动比表面积测定仪		FBT-9A 型	1 台	0.1 m²/kg
2.	比重计	婆美计	0～70 Bh	2 根	1.000～2.000 g/cm³ 0.02 g/cm³
3	标准筛	新标准方孔砂石筛	0.075～9.5 mm	1 套	(0.075～9.5)mm
4	标准筛	新标准方孔石子筛	2.36～26.5 mm	1 套	(2.36～26.5)mm
5	标准养护控制仪	标准养护室全自动控温控湿设备	FHBS-100	1 台	0.1℃/1%RH
6	测厚仪	—	—	—	—
7	卧轴式强制搅拌机	双卧轴混凝土试验用搅拌机	HJS-60	1 台	60 L
8	沸煮箱		FZ-31A	1 台	1 min
9	负压筛析仪	水泥细度负压筛析仪	FSY-150B	1 台	−10 000～0 Pa/500 Pa
		粉煤灰试验筛	0.045 mm	2 个	0.045 mm
		水泥试验筛	0.9 mm	1 个	0.9 mm
10	钢直尺		0～150 mm	5 把	0～150 mm/1 mm
			0～300 mm	8 把	0～300 mm/1 mm
			0～500 mm	5 把	0～500 mm/1 mm
			0～600 mm	5 把	0～600 mm/1 mm
			0～1 000 mm	5 把	0～1 000 mm/1 mm
11	贯入阻力仪	混凝土贯入阻力仪	HG-1000S	1 套	0～1 500 N/0.1 N
12	含气量测定仪	混凝土含气量测定仪	LA-0316	1 台	—
		混凝土含气量用表	(0～15)psi	1 块	0.1%

续上表

序号	检验设备名称		设备规格型号	数量	精度或测量范围
13	烘箱	数显鼓风恒温干燥箱	101-2	1台	0～300℃/1℃
14	混凝土试验振动台	振动台	1 m×1 m	2台	—
15	金属洛氏硬度计	洛氏硬度计	HR-150A	1台	0～150HR/0.5HR
		标准洛氏硬度块	HR(HRA、HRC)	2块	0.5HR
16	抗压强度试验机	压力试验机	YAW-300C	1台	0～300 kN/0.01 kN
17	抗折强度试验机	压力试验机	YAW-300C	1台	0～10 kN/0.01 kN
18	量筒		0～5 mL	2个	0～5 mL/0.1 mL
			0～10 mL	2个	0～10 mL/0.2 mL
			0～50 mL	2个	0～50 mL/1 mL
			0～100 mL	2个	0～100 mL/1 mL
			0～250 mL	2个	0～250 mL/2 mL
			0～500 mL	2个	0～500 mL/10 mL
			0～1 000 mL	2个	0～1 000 mL/10 mL
			0～2 000 mL	2个	0～2 000 mL/20 mL
19	流动度测定仪	水泥净浆流动度锥	1 725 mL	2个	—
20	流动度跳桌	自控水泥胶砂流动度测定仪	NLD-3	1台	1 s
21	螺纹量规	螺纹塞规	M24-6H/M24-6H M16-6H	3套	—
		螺纹环规	M16-6g/M30-6g M33-6g/M42-6g M48-6g/M16-6g	6套	—
22	秒表	机械秒表	0～30 min	4块	0～30 min/0.2 s
		机械秒表	0～15 min	2块	0～15 min/0.1 s
23	针状、片状规准仪	集料针状规准仪	—	1个	—
		集料片状规准仪	—	1个	—
24	容器	水泥浆泌水率膨胀试验仪	ϕ100×160 mm	2个	—
25	塞尺	塞尺	0.02～1.00 mm	2把	0.02～1.00 mm/0.02 mm
		楔形塞尺	1～15 mm	2把	1～15 mm/0.5 mm
26	烧杯		0～100 mL	2个	0～100 mL/10 mL
			0～150 mL	2个	0～150 mL/15 mL
			0～200 mL	2个	0～200 mL/20 mL
			0～500 mL	2个	0～500 mL/50 mL
			0～1 000 mL	2个	0～1 000 mL/100 mL
27	水泥标准养护箱	移动式恒温恒湿养护箱	YH-60Ⅱ	2台	0.1℃/1%RH
28	水泥胶砂搅拌机		JJ-5	1台	—
29	水泥胶砂振动台		ZS-15	1台	—
30	水泥净浆搅拌机		NJ-160A	1台	—

续上表

序号	检验设备名称		设备规格型号	数量	精度或测量范围
31	坍落度仪	坍落度桶及捣棒	100 mm×200 mm×300 mm	2套	—
32	水平尺		0～600 mm	2把	0～600 mm/1 mm
			0～1 000 mm	2把	0～1 000 mm/1 mm
33	电子天平/电子台秤	电子天平	FA2004	1台	0～200 g/0.000 1 g
		电子天平	TD10002	1台	0～1 000 g/0.01 g
		电子天平	JE2002	1台	0～2 000 g/0.01 g
		电子天平	TD51001	1台	0～5 000 g/0.1 g
		电子天平	LT5001	1台	0～5 000 g/0.1 g
		电子天平	BT418	1台	0～20 kg/10 g
		电子天平	JS30-1	1台	0～30 kg/10 g
		电子台秤	TCS-50	1台	0～50 kg/20 g
		电子台秤	TCS-100	1台	0～100 kg/50 g
		电子汽车衡	SCS-150型	1台	0～150 t/20 kg
34	涂镀层测厚仪	涂层测厚仪	CM-8821	1台	B级
35	万能角度规	万能角度尺	0～320°	1把	0～320°/2′
		锚穴角度测量仪	—	1套	—
36	万能试验机	微机控制电液伺服式钢绞线专用试验机	GWA-1000D	1台	0～1 000 kN/0.01 kN
37	万能试验机	万能材料试验机	WE-300	1台	0～300 kN/0.01 kN
		万能材料试验机	WE-600B	1台	0～600 kN/0.01 kN
38	维卡仪	水泥稠度凝结测定仪	ISO	1套	0～70 mm/1 mm
39	箱式电炉	箱式电阻炉	2.5-12	1台	0～1 200℃/20℃
40	压力泌水仪		SY-2	1套	0～40 MPa/0.01 MPa
41	压力试验机		YES-3000	1台	0～3 000 kN/0.01 kN
42	压碎指标测定仪	集料压碎指标测定仪	—	1套	—
43	摇筛机	震击式标准振筛机	ZBSX-92A	1台	—
44	游标卡尺		0～150 mm	1把	0～150 mm/0.02 mm
			0～300 mm	1把	0～300 mm/0.02 mm
			0～1 000 mm	1把	0～1 000 mm/0.02 mm
45	数显游标卡尺		0～150 mm	3把	0～150 mm/0.01 mm
46	数显深度尺	数显深度卡尺	0～300 mm	1把	0～300 mm/0.01 mm
47	游离氧化钙测定仪	水泥游离氧化钙快速测定仪	Ca-5	1台	—
48	L尺		—	—	—
49	U尺	U形尺	—	—	—
50	标准测力计		0～5 000 kN	1台	0～5 000 kN/0.3级

续上表

序号	检验设备名称		设备规格型号	数量	精度或测量范围
51	标准砝码	砝码	5～2 000 g	1套	M_2级
		砝码	20 kg	150个	M_2级
		砝码	10 kg	1个	M_1级
		砝码	5 kg	2个	M_1级
		砝码	2 kg	2个	M_1级
		砝码	1 kg	1个	M_1级
52	测力环	百分表式标准测力仪	EHB-3000	1台	0～3 000 kN/0.3级
		百分表式标准测力仪	EHB-1000	1台	0～1 000 kN/0.3级
		百分表式标准测力仪	EHB-600	1台	0～600 kN/0.3级
		百分表式标准测力仪	EHB-300	1台	0～300 kN/0.3级
		百分表式标准测力仪	20～30 kN	1台	0～30 kN/0.3级
53	测温仪	数字温度计	−50～300℃	3把	−50～300℃/0.1℃
54	测温仪	混凝土无线测温仪	HC-TW80	4台	0～100℃/0.1℃
55	弹簧秤	管型测力计	LTZ-20	3把	0～200 N/4 N
56	钢卷尺		50 m	4把	0～50 m/1 mm
			30 m	2把	0～30 m/1 mm
57	钢卷尺		5 m	5把	0～5 m/1 mm
58	红外线测温仪		AS390	2把	−32～390℃/0.1℃
59	混凝土保护层厚度测定仪	混凝土钢筋检测仪	ZBL-R630	1台	0～180 mm/1 mm
60	混凝土弹模仪	混凝土弹性模量测定仪	TM-Ⅱ	1套	—
		千分表	0～1 mm	3个	0～1 mm/0.001 mm
61	活塞压力计	活塞式压力计	YS-600	1套	0～60 MPa/0.05级
		耐震精密压力表	0～60 MPa	2块	0～60 MPa/0.25级
62	静载试验台	静载试验架	WZ8	1套	—
		读数显微镜	JC5	1把	20倍/0.05 mm
		放大镜	10倍	5把	—
		千斤顶	YD200型-200	12台	—
63	抗拔仪	—	—	—	—
64	跨度样板	32 m跨度样板	—	—	—
		24m跨度样板	—	—	—
65	裂缝测宽仪		JRCK-A	1台	0～6.5 mm/0.01 mm
66	扭矩扳手	扭矩扳子	NB-400G	1把	0～400 N·M/4级
67	千斤顶校验装置	反力架	500 t	1套	—
68	水平仪	水准仪	DSZ2	1台	1 mm
		塔尺	LTC 2型	2把	0～5 m/1 mm

续上表

序号	检验设备名称		设备规格型号	数量	精度或测量范围
68	水平仪	水准仪	DiNi03 型	1 台	0.3 mm
		全站仪	NET05 型	1 台	3 级
69	位移计/百分表	大量程百分表	0～50 mm	3 块	0～50 mm/0.01 mm
			0～30 m	5 块	0～30 mm/0.01 mm
70	压力表/传感器	精密压力表	0～40 Pa	12 块	0～40 MPa/0.02 MPa
71	分中规		—	1 把	—
72	线纹钢直角尺		500 mm×250 mm	2 把	500×250 mm/1 mm
			300 mm×150 mm	2 把	300×150 mm/1 mm
73	水平杆		—	1 把	—
74	矿物棉针式测厚仪(检测防水涂料厚度)		0～150 mm	1 把	0～150 mm/0.5 mm
75	宽座角尺		300 mm×200 mm	2 把	300 mm×200 mm/Ⅰ级
			500 mm×315 mm	2 把	500×315 mm/Ⅰ级
76	卡规	内径百分表	50～160 mm	1 把	50～160 mm/0.01 mm
		百分表内卡规	135～155 mm	1 把	160～180 mm/0.01 mm
		带表外卡规	0～20 mm	1 把	0～20 mm/0.01 mm
		带表外卡规	80～100 mm	1 把	80～100 mm/0.01 mm
		带表外卡规	150～170 mm	1 把	150～170 mm/0.01 mm
		带表外卡规	160～180 mm	1 把	160～180 mm/0.01 mm
77	钢筋标距仪		BJ5-10	1 台	1 cm
78	雷氏夹测定仪		LD-50	1 套	0.5 mm
79	高低温恒温水浴		HWY-30	1 台	0.1℃
80	水泥胶砂软练试模		40 mm×40 mm×160 mm	12 个	—
81	网篮		ϕ70(300 μm)	2 个	—
82	李氏比重瓶		250 mL	6 个	—
84	滴定管	酸式滴定管	25 mL	2 根	0～25 mL/0.1 mL
			50 mL	2 根	0～50 mL/0.1 mL
		碱式滴定管	25 mL	2 根	0～25 mL/0.1 mL
			50 mL	2 根	0～50 mL/0.1 mL
85	大肚移液管		5 mL	2 根	0～5 mL/0.1 mL
			10 mL	2 根	0～10 mL/0.1 mL
86	外径千分尺		0～25 mm	1 把	0～25 mm/0.01 mm
			25～50 mm	1 把	25～50 mm/0.01 mm
			50～75 mm	1 把	50～75 mm/0.01 mm
			75～100 mm	1 把	75～100 mm/0.01 mm
87	刀口尺	刀口尺	125 mm	1 把	0 级
		刀口形直角尺	80 mm×125 mm	1 把	0 级

续上表

<table>
<tr><th>序号</th><th colspan="2">检验设备名称</th><th>设备规格型号</th><th>数量</th><th>精度或测量范围</th></tr>
<tr><td rowspan="4">88</td><td rowspan="4">温度计</td><td>竹节温度计</td><td>0～300℃</td><td>2 根</td><td>0～300℃/1℃</td></tr>
<tr><td>温度计</td><td>0～50℃</td><td>2 根</td><td>0～50℃/0.5℃</td></tr>
<tr><td>温度计</td><td>0～100℃</td><td>10 根</td><td>0～100℃/1℃</td></tr>
<tr><td>干湿温度计</td><td>ATL-2</td><td>8 块</td><td>0～50℃/0.5℃</td></tr>
<tr><td>89</td><td colspan="2">混凝土回弹仪</td><td>ZC3-A</td><td>1 把</td><td>10～100 MPa/2 MPa</td></tr>
<tr><td>90</td><td colspan="2">直流电阻电桥</td><td>080710</td><td>1 台</td><td>0.01～1.100 0 mΩ/0.2 级</td></tr>
<tr><td>91</td><td colspan="2">刻度吸管</td><td>10 mL</td><td>2 根</td><td>0～10 mL/0.1 mL</td></tr>
<tr><td rowspan="6">92</td><td rowspan="6">一般压力表</td><td rowspan="2">氧气表</td><td>0～25 MPa</td><td>2 块</td><td>0～25 MPa/2.5 级</td></tr>
<tr><td>0～2.5 MPa</td><td>2 块</td><td>0～2.5 MPa/2.5 级</td></tr>
<tr><td rowspan="2">乙炔表</td><td>0～4 MPa</td><td>2 块</td><td>0～4 MPa/2.5 级</td></tr>
<tr><td>0～2.5 MPa</td><td>2 块</td><td>0～2.5 MPa/2.5 级</td></tr>
<tr><td>压力表</td><td>0～1.6 MPa</td><td>4 块</td><td>0～1.6 MPa/2.5 级</td></tr>
<tr><td>压力表</td><td>−0.01～0 MPa</td><td>6 块</td><td>−0.01～0 MPa/1.6 级</td></tr>
<tr><td>93</td><td colspan="2">钢筋冷弯弯芯</td><td>8～120 mm</td><td>1 套</td><td>—</td></tr>
<tr><td>94</td><td colspan="2">雷氏夹</td><td>30 mm×30 mm</td><td>10 个</td><td>—</td></tr>
<tr><td>95</td><td colspan="2">水泥抗压夹具</td><td>40 mm×40 mm</td><td>1 个</td><td>—</td></tr>
<tr><td>96</td><td colspan="2">增实因数测定仪</td><td>ϕ150×162 mm×146 mm</td><td>2 套</td><td>—</td></tr>
<tr><td rowspan="4">97</td><td rowspan="4">试模</td><td>抗渗试模</td><td>175 mm×185 mm×150 mm</td><td>2 套</td><td>—</td></tr>
<tr><td>抗冻试模</td><td>100 mm×100 mm×400 mm</td><td>2 套</td><td>—</td></tr>
<tr><td>弹性模量试模</td><td>150 mm×150 mm×300 mm</td><td>6 组</td><td>—</td></tr>
<tr><td>立方体试模</td><td>150 mm×150 mm×150 mm</td><td>40 组</td><td>—</td></tr>
<tr><td>98</td><td colspan="2">温湿度表</td><td>WS-A1</td><td>10 块</td><td>—</td></tr>
<tr><td>99</td><td colspan="2">自动压浆台秤</td><td>JS-400-V</td><td>2 台</td><td>0～400 kg/0.1 kg</td></tr>
<tr><td>100</td><td colspan="2">容量筒</td><td>1～30 L</td><td>1 套</td><td>—</td></tr>
<tr><td>101</td><td colspan="2">混凝土搅拌站</td><td>HZS180</td><td>2 套</td><td>—</td></tr>
</table>

表 2-4　预应力混凝土简支 T 梁预制主要设备(工装)表

序号	生产设备(工装)名称	规格型号	数量	单位	备　注
1	搅拌站	HZS120	1	座	
2	搅拌站	HZS90	1	座	
3	压浆台车	JS-300-V	2	台	
4	压浆泵	ZB4-1-1	2	台	
5	真空泵	FZB4-2	2	台	

续上表

序号	生产设备(工装)名称	规格型号	数量	单位	备　注
6	混凝土搅拌运输车	ZLJ5J53GJB1	2	台	
7	蒸汽锅炉	DZL6-1.25	1	台	
8	电动油泵	ZB4-500	10	台	
9	静载千斤顶	YD200 型-200	6	台	
10	张拉千斤顶	YDCW2500CA-200	3	台	
11	张拉千斤顶	YDCW3500CA-200	3	台	
12	门式起重机	MHH10 t-30	4	台	
13	门式起重机	MHH100 t-40	4	台	
14	轮胎式搬运机	200 t	1	台	
15	移梁台车	WMJX-180	4	套	当采用 200 t 搬运机时,无此设备
16	发电机	HDC625	1	台	
17	制梁台座	24 m/32 m	10	座	具体根据进度确定
18	存梁台座	24 m/32 m	70	座	具体根据进度确定
19	模板	24 m/32 m	4	套	(底、侧、端配套)
20	底板钢筋绑扎胎卡具	24 m/32 m	3	套	
21	顶板钢筋绑扎胎卡具	24 m/32 m	3	套	
22	钢筋吊具	24 m/32 m	1	个	
23	连接铁加工胎卡具	24 m/32 m	4	套	
24	混凝土灌注防雨棚	24 m/32 m	1	个	
25	压浆台车防雨棚	—	1	个	
26	压板机	—	1	台	
27	台式钻床	Z512B	1	台	
28	拔管机	ZXZ-T	1	台	
29	钢筋调直机	GT14	2	台	
30	钢筋切断机	GQ40	4	台	
31	钢筋弯曲机	GW40	4	台	
32	全自动钢筋箍筋弯曲机	GF-25	1	台	
33	钢筋对焊机	UN100	1	台	
34	静载试验反力架及其设施	24 m/32 m	1	套	

表 2-5　预应力混凝土简支 T 梁预制主要检测设备表

序号	检验设备名称		设备规格型号	数量	精度或测量范围
1	全自动比表面积测定仪		FBT-9A 型	1 台	0.1 m^2/kg
2	比重计	婆美计	0～70 Bh	2 根	1.000～2.000 g/cm^3 0.02 g/cm^3
3	标准筛	新标准方孔砂石筛	0.075～9.5 mm	1 套	0.075～9.5 mm
4	标准筛	新标准方孔石子筛	2.36～26.5 mm	1 套	2.36～26.5 mm

续上表

序号	检验设备名称		设备规格型号	数量	精度或测量范围
5	标准养护控制仪	标准养护室全自动控温控湿设备	FHBS-100	1台	0.1℃/1%RH
6	测厚仪	数显百分表(测厚规)	0～12.7 mm	1把	0～12.7 mm/0.01 mm
7	卧轴式强制搅拌机	双卧轴混凝土试验用搅拌机	HJS-60	1台	60 L
8	沸煮箱		FZ-31A	1台	1 min
9	负压筛析仪	水泥细度负压筛析仪	FSY-150B	1台	−10 000～0 Pa/500 Pa
		粉煤灰试验筛	0.045 mm	2个	0.045 mm
		水泥试验筛	0.9 mm	1个	0.9 mm
10	钢直尺		0～150 mm	5把	0～150 mm/1 mm
			0～300 mm	8把	0～300 mm/1 mm
			0～500 mm	5把	0～500 mm/1 mm
			0～600 mm	5把	0～600 mm/1 mm
			0～1 000 mm	5把	0～1 000 mm/1 mm
11	贯入阻力仪	混凝土贯入阻力仪	ZC-1A	1套	0～1 500 N/0.1 N
12	含气量测定仪	混凝土含气量测定仪	LA-0316	1台	—
		混凝土含气量用表	(0～15)psi	1块	0.1%
13	烘箱	数显鼓风恒温干燥箱	101-2	1台	0～300℃/1℃
14	混凝土试验振动台	振动台	1 m×1 m	2台	—
15	金属洛氏硬度计	洛氏硬度计	HR-150A	1台	0～150HR/0.5HR
		标准洛氏硬度块	HR(HRA、HRC)	2块	0.5HR
16	抗压强度试验机	压力试验机	YAW-300C	1台	0～300 kN/0.01 kN
17	抗折强度试验机	压力试验机	YAW-300C	1台	0～10 kN/0.01 kN
18	量筒		0～5 mL	2个	0～5 mL/0.1 mL
			0～10 mL	2个	0～10 mL/0.2 mL
			0～50 mL	2个	0～50 mL/1 mL
			0～100 mL	2个	0～100 mL/1 mL
			0～250 mL	2个	0～250 mL/2 mL
			0～500 mL	2个	0～500 mL/10 mL
			0～1 000 mL	2个	0～1 000 mL/10 mL
			0～2 000 mL	2个	0～2 000 mL/20 mL
19	流动度测定仪	水泥净浆流动度锥	1 725 mL	2个	—
20	流动度跳桌	自控水泥胶砂流动度测定仪	NLD-3	1台	1 s
21	螺纹量规	螺纹塞规	M27-6H/M24-6H M16-6H	3套	—
		螺纹环规	M27-6g/M24-6g M16-6g	3套	—
22	秒表	机械秒表	0～30 min	4块	0～30 min/0.2 s
		机械秒表	0～15 min	2块	0～15 min/0.1 s

续上表

序号	检验设备名称		设备规格型号	数量	精度或测量范围
23	针状、片状规准仪	集料针状规准仪	—	1个	—
		集料片状规准仪	—	1个	—
24	容器	水泥浆泌水率膨胀试验仪	ϕ100×160 mm	2个	—
25	塞尺	塞尺	0.02～1.00 mm	2把	0.02～1.00 mm/0.02 mm
		楔形塞尺	1～15 mm	2把	1～15 mm/0.5 mm
26	烧杯		0～100 mL	2个	0～100 mL/10 mL
			0～150 mL	2个	0～150 mL/15 mL
			0～200 mL	2个	0～200 mL/20 mL
			0～500 mL	2个	0～500 mL/50 mL
			0～1 000 mL	2个	0～1 000 mL/100 mL
27	水泥标准养护箱	移动式恒温恒湿养护箱	YH-60Ⅱ	2台	0.1℃/1%RH
28	水泥胶砂搅拌机		JJ-5	1台	—
29	水泥胶砂振动台		ZS-15	1台	—
30	水泥净浆搅拌机		NJ-160A	1台	—
31	坍落度仪	坍落度桶及捣棒	100 mm×200 mm×300 mm	2套	—
32	水平尺		0～600 mm	2把	0～600 mm/1 mm
			0～1 000 mm	2把	0～1 000 mm/1 mm
33	电子天平/电子台秤	电子天平	FA2004	1台	0～200 g/0.000 1 g
		电子天平	TD10002	1台	0～1 000 g/0.01 g
		电子天平	JE2002	1台	0～2 000 g/0.01 g
		电子天平	TD51001	1台	0～5 000 g/0.1 g
		电子天平	LT5001	1台	0～5 000 g/0.1 g
		电子天平	BT418	1台	0～20 kg/10 g
		电子天平	JS30-1	1台	0～30 kg/10 g
		电子台秤	TCS-50	1台	0～50 kg/20 g
		电子台秤	TCS-100	1台	0～100 kg/50 g
		电子汽车衡	SCS-150型	1台	0～150 t/20 kg
34	涂镀层测厚仪	涂层测厚仪	CM-8821	1台	B级
35	万能角度规	万能角度尺	0～320°	1把	0～320°/2′
		锚穴角度测量仪	—	1套	—
36	万能试验机	微机控制电液伺服式钢绞线专用试验机	GWA-1000D	1台	0～1 000 kN/0.01 kN
37	万能试验机	万能材料试验机	WE-100	1台	0～100 kN/0.01 kN
		万能材料试验机	WE-300B	1台	0～300 kN/0.01 kN
38	维卡仪	水泥稠度凝结测定仪	ISO	1套	0～70 mm/1 mm
39	箱式电炉	箱式电阻炉	2.5～12	1台	0～1 200℃/20℃

续上表

<table>
<tr><th>序号</th><th colspan="2">检验设备名称</th><th>设备规格型号</th><th>数量</th><th>精度或测量范围</th></tr>
<tr><td>40</td><td colspan="2">压力泌水仪</td><td>SY-2</td><td>1 套</td><td>0～40 MPa/0.01 MPa</td></tr>
<tr><td>41</td><td colspan="2">压力试验机</td><td>YES-3000</td><td>1 台</td><td>0～3 000 kN/0.01 kN</td></tr>
<tr><td>42</td><td>压碎指标测定仪</td><td>集料压碎指标测定仪</td><td>—</td><td>1 套</td><td>—</td></tr>
<tr><td>43</td><td>摇筛机</td><td>震击式标准振筛机</td><td>ZBSX-92A</td><td>1 台</td><td>—</td></tr>
<tr><td rowspan="3">44</td><td colspan="2" rowspan="3">游标卡尺</td><td>0～150 mm</td><td>1 把</td><td>0～150 mm/0.02 mm</td></tr>
<tr><td>0～300 mm</td><td>1 把</td><td>0～300 mm/0.02 mm</td></tr>
<tr><td>0～1 000 mm</td><td>1 把</td><td>0～1 000 mm/0.02 mm</td></tr>
<tr><td>45</td><td colspan="2">数显游标卡尺</td><td>0～150 mm</td><td>3 把</td><td>0～150 mm/0.01 mm</td></tr>
<tr><td>46</td><td>数显深度尺</td><td>数显深度卡尺</td><td>0～300 mm</td><td>1 把</td><td>0～300 mm/0.01 mm</td></tr>
<tr><td>47</td><td>游离氧化钙测定仪</td><td>水泥游离氧化钙快速测定仪</td><td>Ca-5</td><td>1 台</td><td>—</td></tr>
<tr><td>48</td><td colspan="2">L 尺</td><td>—</td><td>—</td><td>—</td></tr>
<tr><td>49</td><td>U 尺</td><td>U 型尺</td><td>—</td><td>—</td><td>—</td></tr>
<tr><td>50</td><td colspan="2">标准测力计</td><td>0～5 000 kN</td><td>1 台</td><td>0～5 000 kN/0.3 级</td></tr>
<tr><td rowspan="6">51</td><td rowspan="6">标准砝码</td><td>砝码</td><td>5 g～2 000 g</td><td>1 套</td><td>M_2级</td></tr>
<tr><td>砝码</td><td>20 kg</td><td>100 个</td><td>M_2级</td></tr>
<tr><td>砝码</td><td>10 kg</td><td>1 个</td><td>M_1级</td></tr>
<tr><td>砝码</td><td>5 kg</td><td>2 个</td><td>M_1级</td></tr>
<tr><td>砝码</td><td>2 kg</td><td>2 个</td><td>M_1级</td></tr>
<tr><td>砝码</td><td>1 kg</td><td>1 个</td><td>M_1级</td></tr>
<tr><td rowspan="5">52</td><td rowspan="5">测力环</td><td>百分表式标准测力仪</td><td>EHB-3000</td><td>1 台</td><td>0～3 000 kN/0.3 级</td></tr>
<tr><td>百分表式标准测力仪</td><td>EHB-1000</td><td>1 台</td><td>0～1 000 kN/0.3 级</td></tr>
<tr><td>百分表式标准测力仪</td><td>EHB-300</td><td>1 台</td><td>0～300 kN/0.3 级</td></tr>
<tr><td>百分表式标准测力仪</td><td>EHB-100</td><td>1 台</td><td>0～100 kN/0.3 级</td></tr>
<tr><td>百分表式标准测力仪</td><td>20～30 kN</td><td>1 台</td><td>0～30 kN/0.3 级</td></tr>
<tr><td>53</td><td>测温仪</td><td>数字温度计</td><td>－50～300℃</td><td>3 把</td><td>－50～300℃/0.1℃</td></tr>
<tr><td>54</td><td>测温仪</td><td>混凝土无线测温仪</td><td>HC-TW80</td><td>4 台</td><td>0～100℃/0.1℃</td></tr>
<tr><td>55</td><td>弹簧秤</td><td>管型测力计</td><td>LTZ-20</td><td>3 把</td><td>0～200 N/4 N</td></tr>
<tr><td rowspan="2">56</td><td colspan="2" rowspan="2">钢卷尺</td><td>50 m</td><td>4 把</td><td>0～50 m/1 mm</td></tr>
<tr><td>30 m</td><td>2 把</td><td>0～30 m/1 mm</td></tr>
<tr><td>57</td><td colspan="2">钢卷尺</td><td>5 m</td><td>5 把</td><td>0～5 m/1 mm</td></tr>
<tr><td>58</td><td colspan="2">红外线测温仪</td><td>AS390</td><td>2 把</td><td>－32～390℃/0.1℃</td></tr>
<tr><td>59</td><td>混凝土保护层厚度测定仪</td><td>混凝土钢筋检测仪</td><td>ZBL-R630</td><td>1 台</td><td>0～180 mm/1 mm</td></tr>
<tr><td rowspan="2">60</td><td rowspan="2">混凝土弹模仪</td><td>混凝土弹性模量测定仪</td><td>TM-Ⅱ</td><td>1 套</td><td>—</td></tr>
<tr><td>千分表</td><td>0～1 mm</td><td>3 个</td><td>0～1 mm/0.001 mm</td></tr>
<tr><td rowspan="2">61</td><td rowspan="2">活塞压力计</td><td>活塞式压力计</td><td>YS-600</td><td>1 套</td><td>0～60 MPa/0.05 级</td></tr>
<tr><td>耐震精密压力表</td><td>0～60 MPa</td><td>2 块</td><td>0～60 MPa/0.25 级</td></tr>
</table>

续上表

序号	检验设备名称		设备规格型号	数量	精度或测量范围
62	静载试验台	静载试验架	WZ4	1套	—
		读数显微镜	JC5	1把	20倍/0.05 mm
		放大镜	10倍	5把	—
		千斤顶	YD200型-200	6台	—
63	抗拔仪	粘接强度检测仪	HC-2000A	1套	0～6 kN/0.001 kN
64	跨度样板	32 m跨度样板	—	—	—
		24 m跨度样板	—	—	—
65	裂缝测宽仪		JRCK-A	1台	0～6.5 mm/0.01 mm
66	扭矩扳手	扭矩扳子	NB-400G	1把	0～400 N·M/4级
67	千斤顶校验装置	反力架	500 t	1套	—
68	水平仪	水准仪	DSZ2	1台	1 mm
		塔尺	LTC2型	2把	0～5 m/1 mm
		水准仪	DiNi03型	1台	0.3 mm
		全站仪	NET05型	1台	3级
69	位移计/百分表	大量程百分表	0～50 mm	3块	0～50 mm/0.01 mm
			0～30 mm	5块	0～30 mm/0.01 mm
70	压力表/传感器	精密压力表	0～40 MPa	6块	0～40 MPa/0.02 MPa
71	分中规		—	1把	—
72	线纹钢直角尺		500 mm×250 mm	2把	500×250 mm/1 mm
			300 mm×150 mm	2把	300×150 mm/1 mm
73	水平杆		—	1把	—
74	矿物棉针式测厚仪(检测防水涂料厚度)		0～150 mm	1把	0～150 mm/0.5 mm
75	卡规	内径百分表	50～160 mm	1把	50～160 mm/0.01 mm
		百分表内卡规	135～155 mm	1把	160～180 mm/0.01 mm
		带表外卡规	80～100 mm	1把	80～100 mm/0.01 mm
		带表外卡规	150～170 mm	1把	150～170 mm/0.01 mm
76	钢筋标距仪		BJ5-10	1台	1 cm
77	雷氏夹测定仪		LD-50	1套	0.5 mm
78	高低温恒温水浴		HWY-30	1台	0.1℃
79	水泥胶砂软练试模		40 mm×40 mm×160 mm	12个	—
80	网篮		ϕ70(300 μm)	2个	—
81	李氏比重瓶		250 mL	6个	—
82	滴定管	酸式滴定管	25 mL	2根	0～25 mL/0.1 mL
			50 mL	2根	0～50 mL/0.1 mL
		碱式滴定管	25 mL	2根	0～25 mL/0.1 mL
			50 mL	2根	0～50 mL/0.1 mL

续上表

序号	检验设备名称		设备规格型号	数量	精度或测量范围
83	大肚移液管		5 mL	2 根	0～5 mL/0.1 mL
			10 mL	2 根	0～10 mL/0.1 mL
84	外径千分尺		0～25 mm	1 把	0～25 mm/0.01 mm
			25～50 mm	1 把	25～50 mm/0.01 mm
			50～75 mm	1 把	50～75 mm/0.01 mm
			75～100 mm	1 把	75～100 mm/0.01 mm
85	刀口尺	刀口尺	125 mm	1 把	0 级
		刀口形直角尺	80 mm×125 mm	1 把	0 级
86	温度计	竹节温度计	0～300℃	2 根	0～300℃/1℃
		温度计	0～50℃	2 根	0～50℃/0.5℃
		温度计	0～100℃	10 根	0～100℃/1℃
		干湿温度计	ATL-2	8 块	0～50℃/0.5℃
87	混凝土回弹仪		ZC3-A	1 把	10～100 MPa/2 MPa
88	直流电阻电桥		080710	1 台	0.01～1.100 0 mΩ/0.2 级
89	刻度吸管		10 mL	2 根	0～10 mL/0.1 mL
90	一般压力表	氧气表	0～25 MPa	2 块	0～25 MPa/2.5 级
			0～2.5 MPa	2 块	0～2.5 MPa/2.5 级
		乙炔表	0～4 MPa	2 块	0～4 MPa/2.5 级
			0～2.5 MPa	2 块	0～2.5 MPa/2.5 级
		压力表	0～1.6 MPa	4 块	0～1.6 MPa/2.5 级
		压力表	−0.01～0 MPa	6 块	−0.01～0 MPa/1.6 级
91	钢筋冷弯弯芯		6～120 mm	1 套	—
92	雷氏夹		30 mm×30 mm	10 个	—
93	水泥抗压夹具		40 mm×40 mm	1 个	—
94	试模	抗渗试模	175 mm×185 mm×150 mm	2 套	—
		抗冻试模	100 mm×100 mm×400 mm	2 套	—
		弹性模量试模	150 mm×150 mm×300 mm	6 组	—
		立方体试模	150 mm×150 mm×150 mm	40 组	—
95	温湿度表		WS-A1	10 块	—
96	自动压浆台秤		JS-400-V	2 台	0～400 kg/0.1 kg
97	容量筒		1～30L	1 套	—

第三章　主要临时设施设计及检算

第一节　制梁台座设计及检算

制梁台座不仅承载模板安装、拆卸、钢筋安装、灌注梁体混凝土的重量，也承受着预应力钢筋在梁体制作时的初张拉力。

制梁台座设计包括制梁台座基础设计、台座结构设计、基础沉降变形计算。

制梁台座基础上的荷载分为两种情况：张拉前和张拉后。

（一）张拉前，上部梁体混凝土浇筑完成，还未进行张拉，荷载均匀作用在制梁台座基础之上。此时作用于台座的荷载包括台座自重、上部梁体自重、模板自重以及施工及其他荷载。该阶段可认为上部梁体自重、模板重以及施工及其他荷载均匀的作用于制梁台座。

（二）张拉后，梁体产生上拱，模板自重（箱梁滑移式模板及 T 梁侧模已拆除，台座上仅剩底模）施工及其他荷载主要作用于制梁台座两端。

一、设计计算依据

1.《建筑结构荷载规范》（GB 50009—2012）

2.《混凝土结构设计规范》（GB 50010—2010）

3.《建筑地基基础设计规范》（GB 50007—2011）

4.《建筑地基基础处理技术规范》（JGJ 79—2012）

5.《建筑桩基技术规范》（JGJ 94—2008）

6.《制梁场地地质勘测资料》

二、荷载组合

1. 制梁台座基础设计时，作用效应按地基承载力确定基础面积及埋深时，作用效应按照正常使用极限状态下的标准组合。

2. 计算基础结构本身内力时，作用效应按照承载能力极限状态下的标准组合。

3. 计算地基变形时，作用效应按照正常使用极限状态下的准永久组合。

三、地基承载能力及沉降计算

制梁台座属于临时设施，在满足安全、经济、便捷的前提下，应结合当地资源情况综合考虑制梁台座的形式。以扩大基础和桩基进行介绍。

（一）扩大基础地基承载能力计算

根据《建筑地基基础设计规范》（GB 50007—2011）第 5.1 节和第 5.2 节中相关内容对基础底面的压力进行计算：

当轴心荷载作用时

$$p_k=\frac{F_k+G_k}{A}\leqslant f_a \tag{3-1}$$

当偏心荷载作用时：

$$p_{kmax}=\frac{F_k+G_k}{A}+\frac{M_k}{W}\leqslant 1.2f_a \tag{3-2}$$

式中 F_k——相应于作用的标准组合时，上部结构传至基础顶面的竖向力值(kN)；

G_k——基础自重和基础上的土重(kN)；

A——基础底面面积(m^2)；

p_k——相应于作用的标准组合时，基础底面处的平均压力值(kPa)；

p_{kmax}——相应于作用的标准组合时，基础底面边缘的最大压力值(kPa)；

f_a——修正后的地基承载力特征值(kPa)。

当地基承载力不满足要求时，根据《建筑地基基础处理技术规范》(JGJ 79—2012)的要求对地基进行加固处理。

(二)扩大基础地基沉降计算

根据《建筑地基基础设计规范》(GB 50007—2011)第5.1节和第5.2节中相关内容确定：

计算地基变形时，地基内的应力分布，可采用各向同性均质线性变形体理论。地基最终变形量可按下式进行计算：

$$s=\psi_s s'=\psi_s\sum_{i=1}^{n}\frac{p_0}{E_{si}}(z_i\bar{\alpha}_i-z_{i-1}\bar{\alpha}_{i-1}) \tag{3-3}$$

式中 s——地基最终变形量(mm)；

s'——按分层总和法计算出的地基变形量(mm)；

ψ_s——沉降计算经验系数；

n——地基变形计算深度范围内所划分的土层数(mm)；

p_0——相应于作用的准永久组合时基础底面处的附加压力(kPa)；

E_{si}——基础底面下第 i 层土的压缩模量(MPa)，应取土的自重压力至土的自重压力与附加压力之和的压力段计算；

z_i、z_{i-1}——基础底面至第 i 层土、第 i-1 层土底面的距离(m)；

$\bar{\alpha}_i$、$\bar{\alpha}_{i-1}$——基础底面计算点至第 i 层土、第 i-1 层土底面范围内平均附加应力系数。

(三)桩基础地基承载能力计算

根据《建筑桩基技术规范》(JGJ 94—2008)第5.1节和第5.4节中相关内容，在荷载效应标准组合下，桩基竖向承载力计算应符合下列要求：

轴心竖向力作用下：

$$N_k=\frac{F_k+G_k}{n}\leqslant R \tag{3-4}$$

偏心竖向力作用下，除满足上式外，尚应满足下式的要求：

$$N_{kmax}=\frac{F_k+G_k}{n}+\frac{M_{xk}y_i}{\sum y_j^2}+\frac{M_{yk}x_i}{\sum x_j^2}\leqslant 1.2R \tag{3-5}$$

式中 F_k——荷载效应标准组合下，作用于承台顶面的竖向力值(kN)；

G_k——桩基承台和承台上土自重标准值，对稳定的地下水位以下部分应扣除水的浮力(kN)；

N_k——荷载效应标准组合轴心竖向力作用下，基桩或复合基桩的平均竖向力(kN)；

N_{kmax}——荷载效应标准组合偏心竖向力作用下，桩顶最大竖向力(kN)；

R——基桩或复合基桩竖向承载力特征值(kN)；

M_{xk}、M_{yk}——荷载效应标准组合下，作用于承台底面，围绕通过桩群形心的 x、y 主轴的力矩(kN·m)；

x_i、x_j、y_i、y_j——第 i、j 基桩或复合基桩至 y、x 轴的距离(m)；

n——桩基中的桩数。

单桩竖向承载力特征值应按下式确定：

$$R_a = \frac{1}{K} Q_{uk} \tag{3-6}$$

式中　Q_{uk}——单桩竖向极限承载力标准值(kN)；

K——安全系数，取 $K=2$。

当根据土的物理指标与承载力参数之间的经验系数关系确定敞口预应力混凝土空心桩单桩竖向极限承载力标准值时，可按下列公式计算：

$$Q_{uk} = Q_{sk} + Q_{pk} = u \sum q_{sik} + q_{pk}(A_j + \lambda_p A_{pl}) \tag{3-7}$$

当 $h_b/d_1 < 5$ 时，
$$\lambda_p = 0.16 h_b/d_1 \tag{3-8}$$

当 $h_b/d_1 \geqslant 5$ 时，
$$\lambda_p = 0.8 \tag{3-9}$$

式中　q_{sik}、q_{pk}——桩的极限侧阻力标准值、桩的极限端阻力标准值(kPa)；

A_j——空心桩桩端净面积，管桩 $A_j = \frac{\pi}{4}(d^2 - d_1^2)$，空心方桩 $A_j = b^2 - \frac{\pi}{4} d_1^2$（$d$、$b$ 为空心桩外径、边长）；

A_{pl}——空心桩敞口面积：$A_{pl} = \frac{\pi}{4} d_1^2$；

λ_p——桩端土塞效应系数；

d_1——空心桩内径。

(四)桩基础地基沉降计算

根据《建筑桩基技术规范》(JGJ 94—2008)第 5.5 节相关内容计算桩基沉降变形。对于桩中心距不大于 6 倍桩径的桩基，其最终沉降量计算可采用等效作用分层总和法。等效作用面以下的应力分布采用各向同性均质直线变形体理论。桩基任一点最终沉降量可用角点法按下式计算：

$$s = \psi \cdot \psi_e \cdot s' = \psi \cdot \psi_e \cdot \sum_{i=1}^{n} p_{0j} \left(\frac{z_{ij}\bar{\alpha}_{ij} - z_{(i-1)j}\bar{\alpha}_{(i-1)j}}{E_{si}} \right) \tag{3-10}$$

式中　s——地基最终变形量(mm)；

s'——采用布辛奈斯克解，按实体深基础分层总和法计算出的桩基沉降量(mm)；

ψ——沉降计算经验系数；

ψ_e——桩基等效沉降系数；

m——角点法计算点对应的矩形荷载分块数；

p_{0j}——第 j 块矩形底面在荷载效应准永久组合下的附加压力(kPa)；

n——桩基沉降计算深度范围内所划分的土层数；

E_{si}——等效作用面以下第 i 层土的压缩模量(MPa),采用地基土在自重压力至自重压力加附加压力作用时的压缩模量;

z_{ij}、$z_{(i-1)j}$——桩端平面第 j 块荷载作用面至第 i 层土、第 i-1 层土底面的距离(m);

$\bar{a}_{ij}$、$\bar{a}_{(i-1)j}$——桩端平面第 j 块荷载计算点至第 i 层土、第 i-1 层土底面深度范围内平均附加应力系数。

四、制梁台座基础截面选定及截面配筋计算

(一)扩大基础制梁台座筏板基础截面选定及截面配筋计算(图 3-1、图 3-2、图 3-3)。

1. 制梁台座的计算分为浇筑梁体混凝土工况和张拉两种工况,根据这两种工况台座的受力特点,制梁台座一般设置为筏板＋纵肋形式,且端头筏板厚度比中部厚,截面的配筋根据两种工况下基础内力计算结果确定。

2. 一般情况,$b_2=h_2$,$h_1\geqslant 0.35$ m,$h_2\leqslant 0.8$ m,$b_1\geqslant 0.4$ m,纵肋顶两边用角钢进行包边处理;纵肋高度 h_3 根据内力计算及移梁设备确定。

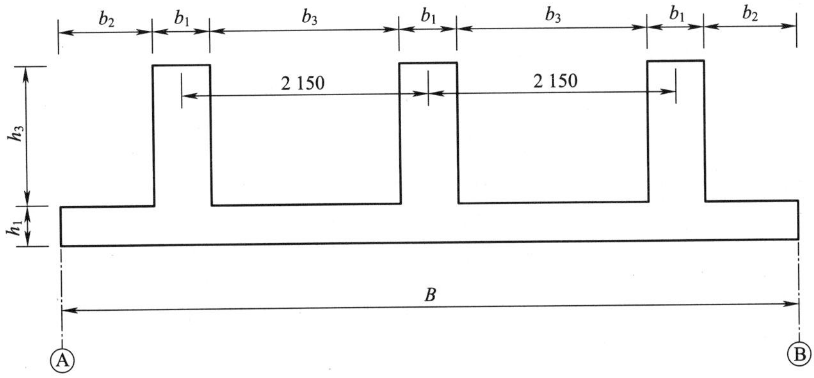

图 3-1　制梁台座基础中部横截面(单位:mm)

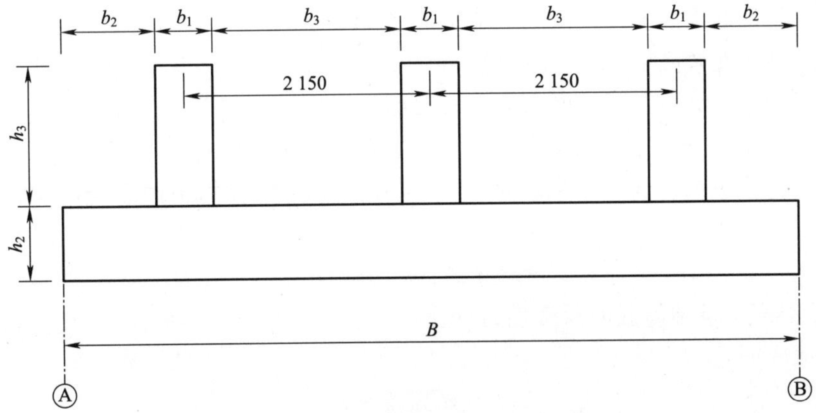

图 3-2　制梁台座基础端部横截面(单位:mm)

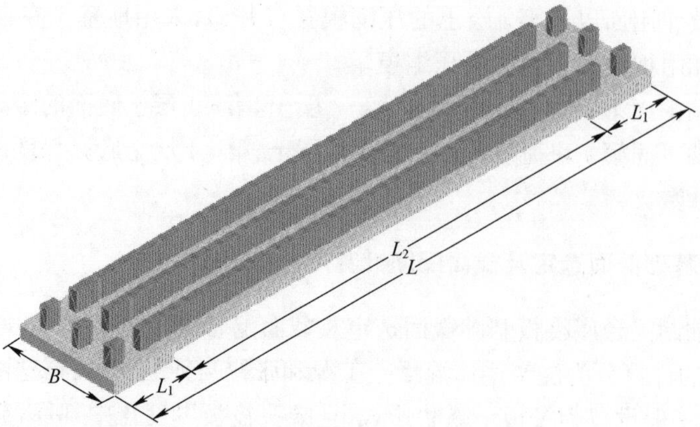

图 3-3　制梁台座三维构造图

3. 通过建立弹性地基梁模型，可计算出台座内力值。

根据《混凝土结构设计规范》(GB 50010—2010)内容中 6 承载能力极限状态计算确定制梁台座截面尺寸及截面配筋。

(1)钢筋混凝土基础正截面受弯承载能力计算：

$$M \leqslant \alpha_1 f_c bx\left(h_0-\frac{x}{2}\right)+f_y' A_s'(h_0-a_s') \tag{3-11}$$

混凝土受压区高度应按下列公式确定：

$$\alpha_1 f_c bx = f_y A_s - f_y' A_s' \tag{3-12}$$

混凝土受压区高度尚应符合下列条件：

$$x \leqslant \xi_b h_0 \tag{3-13}$$

$$x \geqslant 2a' \tag{3-14}$$

式中　M——弯矩设计值(kN·m)；

f_c——混凝土轴心抗压强度设计值(N/mm²)；

A_s、A_s'——受拉区、受压区纵向普通钢筋的截面面积(m²)；

b——矩形截面的宽度或倒 T 形截面的腹板宽度(m)；

h_0——截面有效高度(m)；

a_s'——受压区纵向普通钢筋合力点至截面受压边缘的距离(m)；

a'——受压区全部纵向钢筋合力点至截面受压边缘的距离(m)。

当计算中计入纵向普通受压钢筋时，不满足式(3-14)条件时，正截面受弯承载能力应符合下列规定：

$$M \leqslant f_y A_s(h-a_s-a_s') \tag{3-15}$$

(2)钢筋混凝土基础斜截面承载能力计算：

当 $h_w/b \leqslant 4$ 时：

$$V \leqslant 0.25\beta_c f_c bh_0 \tag{3-16}$$

当 $h_w/b \geqslant 6$ 时：

$$V \leqslant 0.2\beta_c f_c bh_0 \tag{3-17}$$

当 $h_w/b \geqslant 6$ 时，按线性内插确定。

式中　V——构件斜截面上最大剪力设计值(kN)；

f_c——混凝土轴心抗压强度设计值(N/mm^2)；

β_c——混凝土强度影响系数，当混凝土强度等级不超过C50时，β_c取1.0；当混凝土强度等级为C80时，β_c取0.8；其间按线性内插法确定；

b——矩形截面的宽度，T形截面或I形截面的腹板宽度(m)；

h_0——截面有效高度(m)；

h_w——截面的腹板高度：矩形截面取有效高度；T形截面取有效高度减去翼缘高度；I形截面取腹板净高度(m)。

(二)桩基础制梁台座截面选定及截面配筋计算(图3-4、图3-5和图3-6)

1. 制梁台座的计算分为浇筑梁体混凝土工况和张拉两种工况，根据这两种工况下台座的受力特点，制梁台座一般设置为条基＋纵肋形式，截面配筋根据两种工况下基础内力计算结果确定，条基下桩基的数量根据承台受力及地质条件确定。

2. 一般情况，$h_1 \leqslant 0.7$ m，$b \geqslant 0.4$ m，纵肋用角钢进行包边处理。纵肋高度h_2根据内力计算及移梁设备确定。

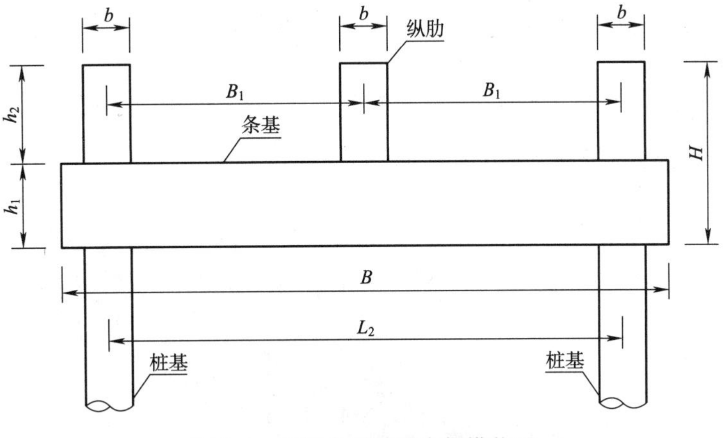

图3-4　制梁台座基础中部横截面

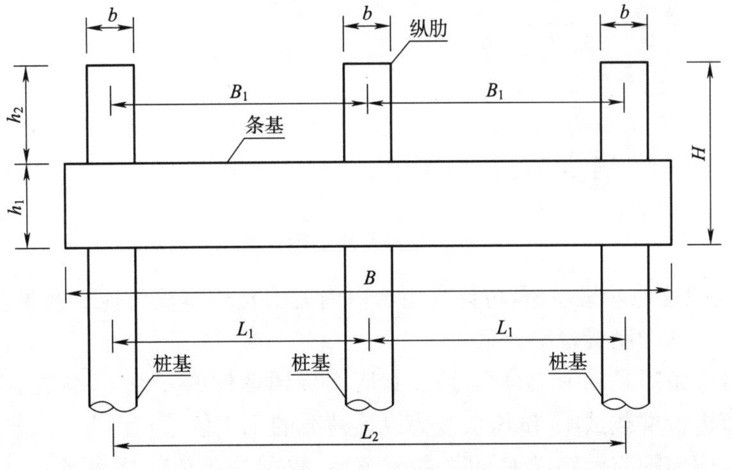

图3-5　制梁台座基础端部横截面

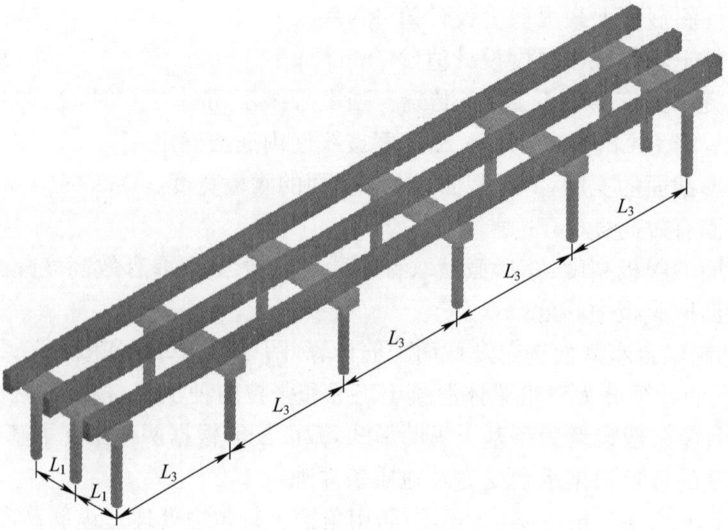

图 3-6　制梁台座三维构造图

3. 若制梁场场地地层分布均匀，制梁台座两端部条基基础可采用三根桩基，中部条基基础可采用两根桩基。

4. 若制梁场场地地层分布不均匀、地质不良，制梁台座两端部条基基础可采用六根桩基，中部条基基础可采用三根桩基(图 3-7)。

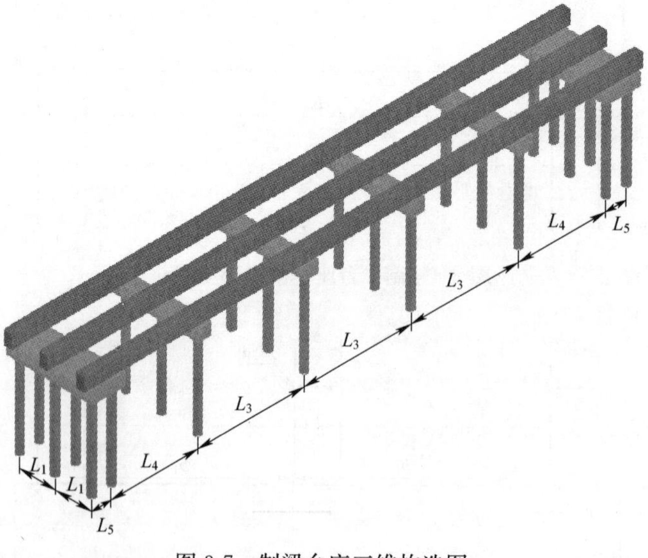

图 3-7　制梁台座三维构造图

5. 通过建立弹性地基梁模型，可计算出台座内力值及桩基反力值。制梁台座承台及纵梁的配筋计算同扩大基础制梁台座方案。

(三)制梁台座条形基础施工时，必须注意底模板预埋件的安设。制梁前必须对安装好底模板的制梁台座进行堆载试压，试压荷载为设计荷载的 1.1 倍。

(四)制梁台座周围应做好详细的防、排水方案，确保施工期间排水畅通，地基承载力满足设计要求。

第二节　存梁台座设计及检算

梁体初张拉(放张)后，通过移运梁设备移运到存梁区。在存梁台座上进行梁体张拉、压浆、封锚等工序施工。存梁台座主要承受荷载包括台座自重、上部梁体重量、施工及其他荷载。

存梁台座分为单层存梁台座和双层存梁台座。

存梁台座设计包括存梁台座基础设计、台座结构设计、沉降变形计算。

一、设计计算依据

1.《建筑结构荷载规范》(GB 50009—2012)

2.《混凝土结构设计规范》(GB 50010—2010)

3.《建筑地基基础设计规范》(GB 50007—2011)

4.《建筑地基基础处理技术规范》(JGJ 79—2012)

5.《建筑桩基技术规范》(JGJ 94—2008)

6.《制梁场地地质勘测资料》

7. 移运梁设备情况

二、荷载组合

1. 存梁台座基础设计时，作用效应按地基承载力确定基础面积及埋深时，作用效应按照正常使用极限状态下的标准组合。

2. 计算基础结构本身内力时，作用效应按照承载能力极限状态下的标准组合。

3. 计算地基变形时，作用效应按照正常使用极限状态下的准永久组合。

三、地基承载能力及沉降计算

存梁台座属于临时设施，在满足安全、经济、便捷的前提下，应结合当地资源情况综合考虑存梁台座的形式，计算方法同制梁台座。

(一)扩大基础存梁台座截面选定及截面配筋计算(图 3-8～图 3-10)

1. 存梁台座分为单层存梁台座和双层存梁台座，其截面形式宜设置为矩形。若计算内力较大，需要加高台座高度时，亦可设置成两台阶基础。基础上为存梁支墩，支墩有钢管混凝土和钢筋混凝土两种形式，支墩高度根据移梁设备确定。

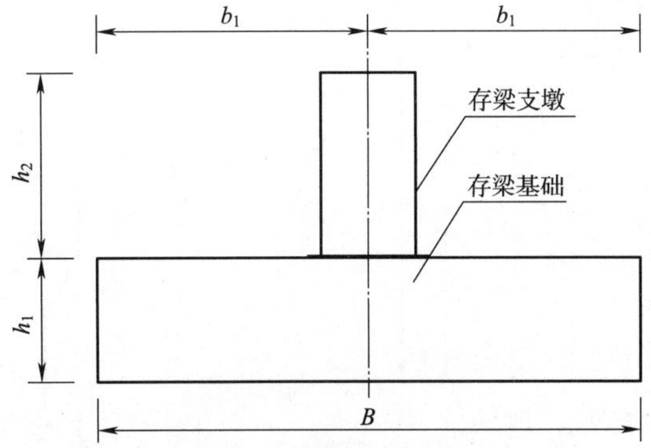

图 3-8　存梁台座横截面

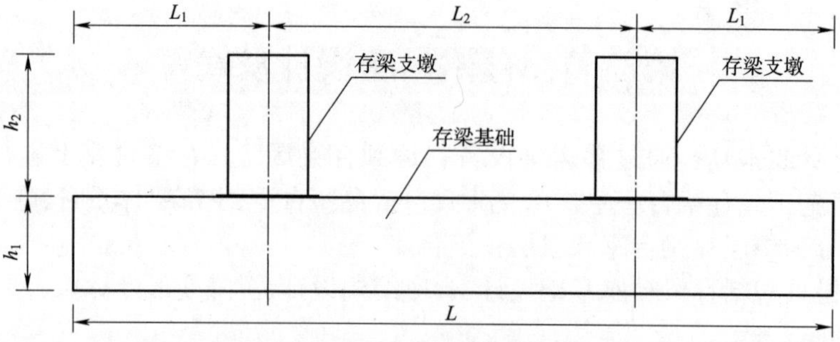

图 3-9　存梁台座纵截面

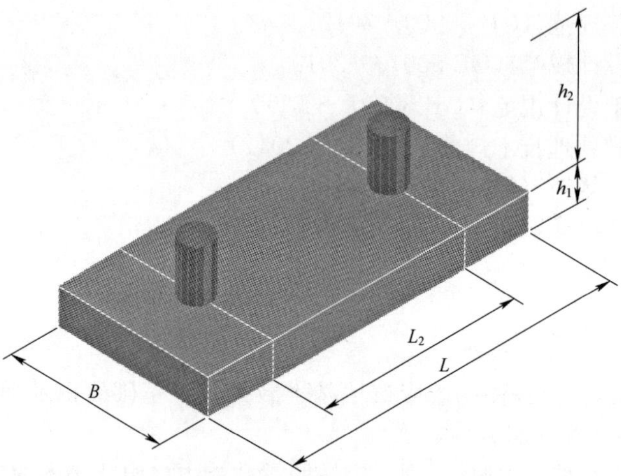

图 3-10　存梁台座三维图

2. 通过建立弹性地基梁模型，可计算出台座内力值。

根据《混凝土结构设计规范》(GB 50010—2010)中承载能力极限状态计算确定存梁台座截面尺寸及截面配筋，配筋计算同制梁台座。

(二)桩基础存梁台座截面选定及截面配筋计算(图 3-11～图 3-13)

1. 存梁台座一般分为单层存梁台座和双层存梁台座。承台一般分为等腰三桩承台和等边四桩承台，承台下桩基的数量根据承台受力及地质条件确定。承台上为存梁支墩，支墩分为钢管混凝土和钢筋混凝土两种形式，支墩高度根据移梁设备确定。

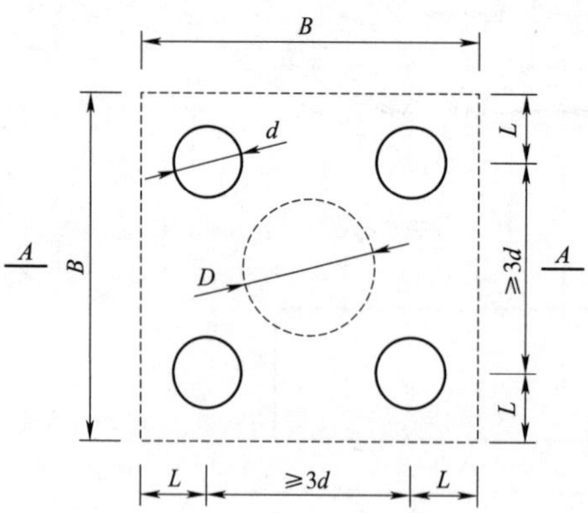

图 3-11　存梁台座平面图

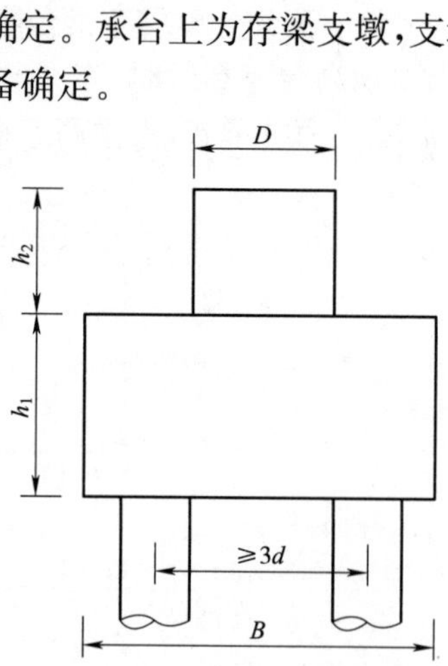

图 3-12　存梁台 A-A 截面图

2. 通过弹性地基梁模型，可计算出台座内力值及桩基反力值。

根据《混凝土结构设计规范》(GB 50010—2010)中承载能力极限状态计算确定存梁台座截面尺寸及截面配筋，配筋计算同制梁台座。

3. 根据《建筑桩基技术规范》(JGJ 94—2008)中第5.1节～5.4节中相关内容计算确定桩基类型及桩基长度，计算同制梁台座。

(三)存梁台座首次存梁前应对存梁台座进行试压，试压荷载为设计荷载的1.1倍。

(四)存梁台座存梁时，应派专人定期观测，当存梁四个支点沉降量超过规范要求时，应立即卸载，并采取措施，以免箱梁因沉降而开裂。

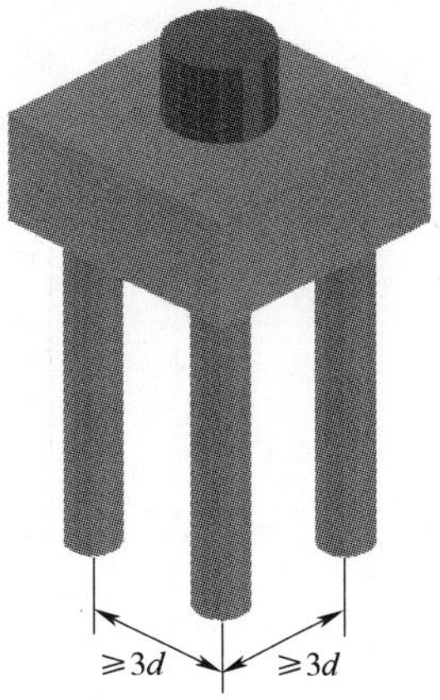

图3-13　存梁台座三维图

第三节　拌和站粉罐基础设计及检算

根据生产进度和每天生产任务量，结合“铁路简支梁制造技术标准”要求中对每孔(跨)梁体连续灌注时间的要求(箱梁要求6 h内灌注完毕；T梁要求3.5 h)，按照梁体混凝土方量的施工时间，确定拌和站拌和能力及与之匹的配混凝土水泥、粉煤灰、矿粉存储量，并确定灰罐数量、单体重量。

一般情况下混凝土拌和站设置水泥罐3个、粉煤灰罐2个、其他粉剂罐1个，具体灰罐数量及布置方式应与拌和站搅拌机型号相适应(图3-14和图3-15)。

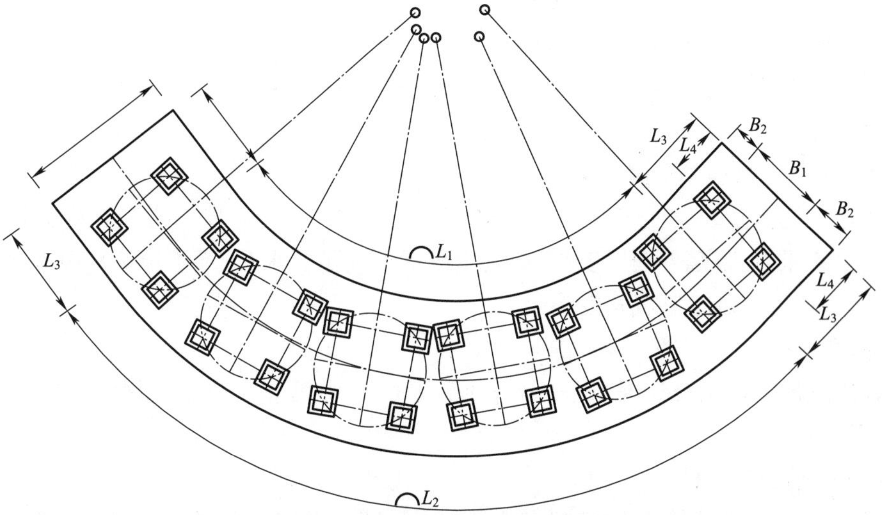

图3-14　混凝土拌和站粉罐基础平面

一、设计计算依据

1.《建筑结构荷载规范》(GB 50009—2012)

2.《混凝土结构设计规范》(GB 50010—2010)

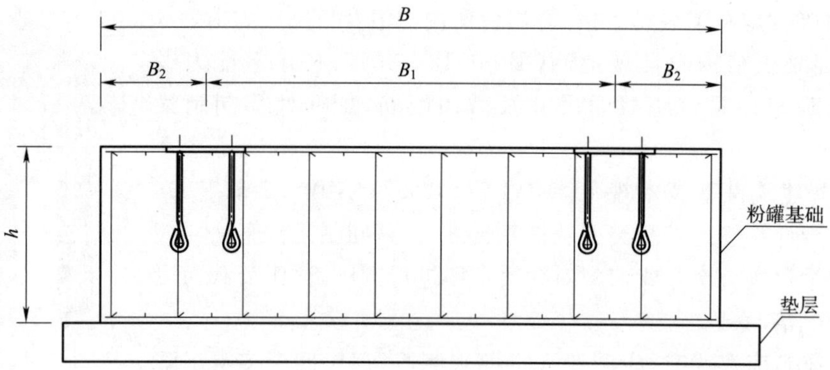

图 3-15　混凝土拌和站粉罐基础横截面

3.《建筑地基基础设计规范》(GB 50007—2011)

4.《建筑地基基础处理技术规范》(JGJ 79—2012)

5.《建筑桩基技术规范》(JGJ 94—2008)

6.《铁路混凝土》(TB 3275—2015)

7.《制梁场地地质勘测资料》

二、拌和站粉罐基础计算

(一)拌和站粉罐基础一般采用筏板基础,筏板厚度一般为 0.8～1.2 m。具体根据基础内力计算结果确定,基础尺寸根据构造要求及地基承载能力确定。

(二)拌和站粉罐基础计算分为两种工况:

1. 工况一:粉罐满载时,地基承载能力及基础强度计算。

2. 工况二:粉罐空载时,风荷载作用下基础抗倾覆稳定性计算。

(三)粉罐满载时,地基承载能力及基础强度计算

1. 地基承载力及地基沉降计算

根据《建筑地基基础设计规范》(GB 50007—2011)中第 5.1 节～第 5.2 节中相关规定确定:基础底面的压力、基础处理厚度(当地基承载能力满足要求时,不予计算);根据第 5.3 节中相关规定计算扩大基础地基沉降变形。

2. 地基沉降变形量计算

根据《建筑地基基础设计规范》(GB 50007—2011)中第 5.3 节相关规定计算扩大基础地基沉降变形。

3. 粉罐基础配筋的计算

通过计算模型,可计算出粉罐基础内力值。根据《混凝土结构设计规范》(GB 50010—2010)中承载能力极限状态计算确定粉罐基础高度及截面配筋。

钢筋混凝土基础正截面受弯承载能力计算:

$$M \leqslant \alpha_1 f_c bx\left(h_0 - \frac{x}{2}\right) + f'_y A'_s (h_0 - a'_s) \tag{3-18}$$

混凝土受压区高度应按下列公式确定:

$$\alpha_1 f_c bx = f_y A_s - f'_y A'_s \tag{3-19}$$

混凝土受压区高度尚应符合下列条件：

$$x \leqslant \xi_b h_0 \tag{3-20}$$

$$x \geqslant 2a' \tag{3-21}$$

式中　M——弯矩设计值(kN·m)；

f_c——混凝土轴心抗压强度设计值(N/mm²)；

A_s、A'_s——受拉区、受压区纵向普通钢筋的截面面积(m²)；

b——矩形截面的宽度或倒 T 形截面的腹板宽度(m)；

h_0——截面有效高度(m)；

a'_s——受压区纵向普通钢筋合力点至截面受压边缘的距离(m)；

a'——受压区全部纵向钢筋合力点至截面受压边缘的距离(m)。

当计算中计入纵向普通受压钢筋时，不满足式(3-21)条件时，正截面受弯承载能力应符合下列规定：

$$M \leqslant f_y A_s (h - a_s - a'_s) \tag{3-22}$$

钢筋混凝土基础斜截面承载能力计算：

当 $h_w/b \leqslant 4$ 时

$$V \leqslant 0.25\beta_c f_c b h_0 \tag{3-23}$$

当 $h_w/b \geqslant 6$ 时

$$V \leqslant 0.2\beta_c f_c b h_0 \tag{3-24}$$

当 $h_w/b \geqslant 6$ 时，按线性内插确定。

式中　V——构件斜截面上最大剪力设计值(kN)；

f_c——混凝土轴心抗压强度设计值(N/mm²)；

β_c——混凝土强度影响系数，当混凝土强度等级不超过 C50 时，β_c 取 1.0；当混凝土强度等级为 C80 时，β_c 取 0.8；其间按线性内插法确定；

b——矩形截面的宽度，T 形截面或 I 形截面的腹板宽度(m)；

h_0——截面有效高度(m)；

h_w——截面的腹板高度，矩形截面取有效高度，T 形截面取有效高度减去翼缘高度，I 形截面取腹板净高度(m)。

（四）粉罐空载时基础抗倾覆稳定性计算(图 3-16)

《建筑结构荷载规范》(GB 50009—2012)内容中“8 风荷载”分别计算粉罐罐顶与下料口底风荷载标准值 w_{k1} 与 w_{k2}，则风荷载作用合力点处风荷载标准值为 w_k。

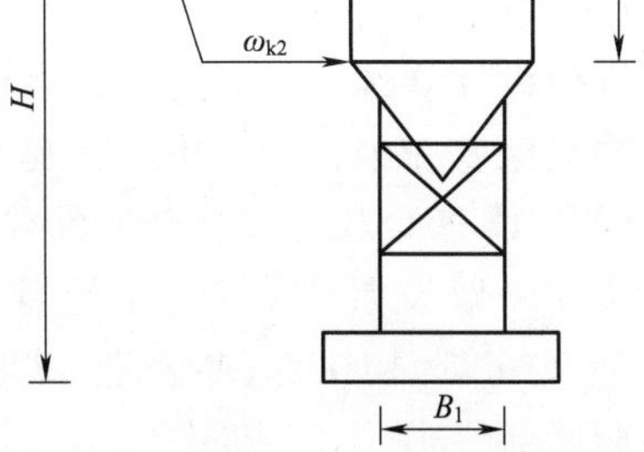

图 3-16　混凝土拌和站粉罐基础断面

风荷载标准值计算：

$$w_k = \beta_z \mu_s \mu_z w_0 \tag{3-25}$$

式中　w_k——风荷载标准值(kN/m²)；

β_z——高度 z 处的风振系数；

μ_s——风荷载体型系数；

μ_z——风压高度变化系数；

w_0——基本风压(kN/m^2)。

倾覆力矩：

$$M_{覆}=nw_k dLH \tag{3-26}$$

抵抗力矩：

$$M_{抵抗}=(nG+\gamma V)s \tag{3-27}$$

安全系数：

$$k=M_{抵抗}/M_{覆}>1.5 \tag{3-28}$$

式中 G——罐体自重(kN)；

L——罐体长度(m)；

d——罐体直径(m)；

n——罐体数量；

H——风荷载作用点高度(m)；

V——基础体积(m^3)；

γ——混凝土容重(kN/m^3)；

s——基础截面形心至基础最短距离(m)。

第四节 生产功能区设计检算

为了实现铁路制梁场“规范化、标准化、集约化”的管理理念，使得梁场建设形成标准化、专业化、规范化、集约化，有效降低成本，保证产品质量，应按照使用功能、分区域进行标准化设计。办公生活区、试验室、物资存储库、钢筋加工车间、高性能混凝土拌和站、密封式砂石料棚等功能区域建设，均按照模块化进行设计，考虑到降低使用成本及材料的周转，各车间、料棚、房屋均采用装配式结构，使得标准化建设在制梁场实现成为可能，达到了经济合理、满足使用的效果。

一、办公生活区

主要为工作人员提供生活、办公场所，一般办公生活区具有自己独立的水电保障体系。规划布置时，应结合工程所在地的气象、地形、地貌、交通、水文、地质、材料供应情况等条件进行设计，根据《预应力混凝土铁路桥简支梁产品生产许可证实施细则》(XK 17-004)及有关管理文件要求，制梁场一般设置工程部、工经部、安质部、财务部、物机部、办公室、试验室等职能部门(图 3-17 和图 3-18)。

图 3-17 办公生活区实景

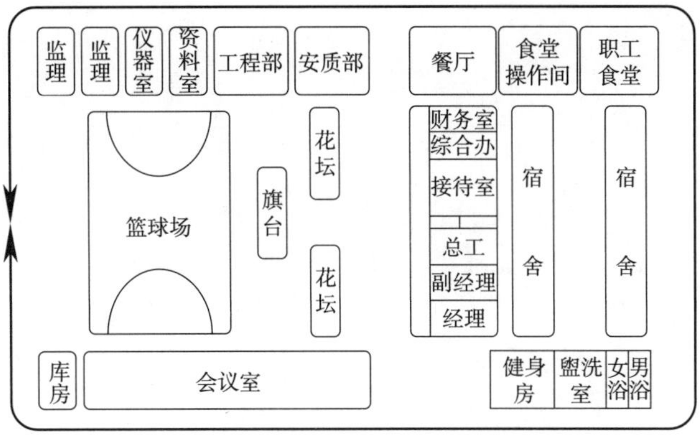

图 3-18　办公生活区布置图

注：物机部、试验室一般设在工地，便于生产。

二、制梁场试验室

根据《预应力混凝土铁路桥简支梁产品生产许可证实施细则》(XK 17-004)、《高速铁路预制后张法预应力混凝土简支梁》(TB/T 3432—2016)、《高速铁路预制先张法预应力混凝土简支梁》(TB/T 3433—2016)、《铁路建设项目工程试验室管理标准》(Q/CR 9204—2015)要求，为规范试验室建设及管理，按照标准化管理要求，建设试验室，共设置 12 间(其中包括：办公室、资料室、计量室、力学室、标准养护室、混凝土室、样品室、胶材室、化学分析室、集料室、校验室及库房)(图 3-19 和图 3-20)房屋总建筑面积 411.54 m^2。

图 3-19　试验室实景

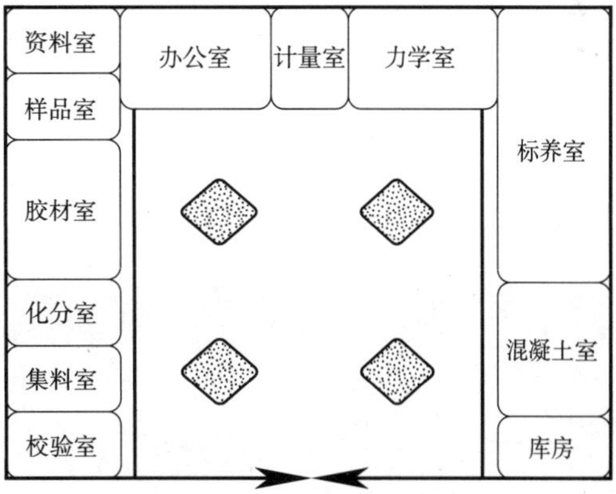

图 3-20　试验室布置图

三、物资存储库

根据桥梁生产所需物资按照种类、型号、规格进行分类存放，将该区域分为三部分，中间为办公区域，两侧为重要物资存放，整体呈“凹”字形布置，物资库房采用装配式彩钢车间(图 3-21 和图 3-22)。

图 3-21　物资存储库实景

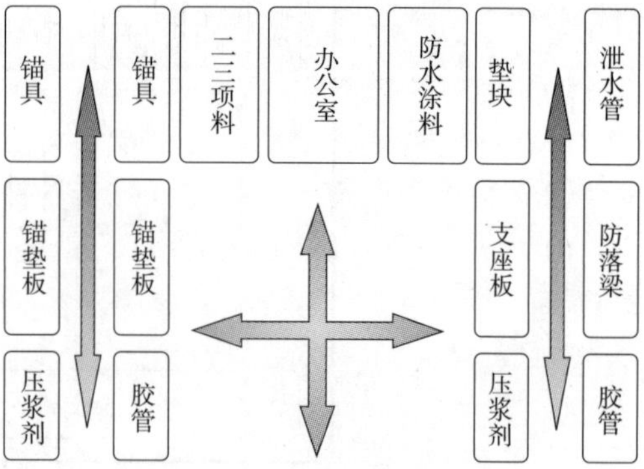

图 3-22　物资存储库布置图

四、钢筋加工车间

钢筋加工区域分为加工区、卸料区。采用“一”字形布置方式(图 3-23)。钢筋存储、加工以机械化、专业化为支撑手段,设计该区域时应本着满足生产、运输便捷、减少工人劳动强度为原则。存储、加工车间使用跨度为 21 m 的装配式彩钢车间(图 3-24 和图 3-25)。

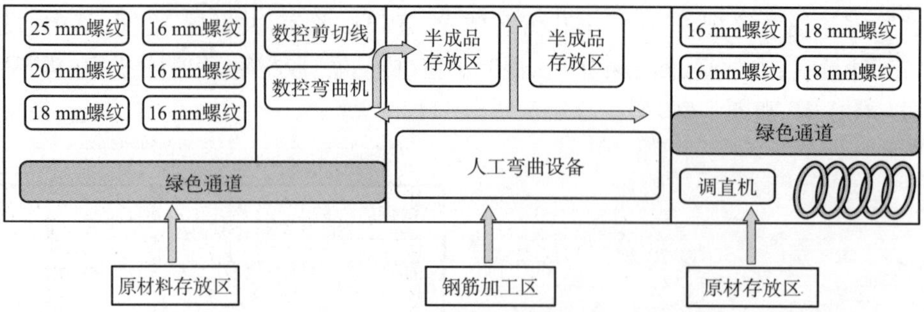

图 3-23　钢筋加工区域布置图

图 3-24　钢筋加工车间实景

图 3-25　钢筋加工车间实景

五、高性能混凝土拌和站

拌和站设置按照“工厂化、集约化、专业化、配送化”原则进行标准化建设，经综合考虑施工生产情况，标准化拌和站设置区域划分为拌和区、材料计量区、运输车辆停放区、材料堆放库，合理设置洗车池、沉淀池和排水系统。

制梁场拌和站应根据预制桥梁数量、生产进度、混凝土要求、预制产品技术要求、施工企业经济条件等确定拌和站各种生产能力参数，并进行机械配置。高性能混凝土，必须采用集中拌和的方式生产。拌和站布置应根据地形，力求紧凑，并应做到满足生产工艺和效率要求的情况下，工序衔接合理，物流顺畅。

六、密封式砂石料棚

骨料存放区应结合拌和站总体规划、拌和站(图 3-26)设备类型，并应满足材料运输等因素。制梁场砂、石料棚应根据生产数量、生产进度、材料供应情况、混凝土本身质量要求等综合考虑。

砂石料存放区规划六个砂石料棚(图 3-27)，分为三个待检仓和三个合格仓(2 个砂料仓、4 个碎石仓)，不同骨料存放区之间应设置隔墙，隔墙高度应根据堆料高度确定。骨料存放区设置向场外单向流水坡，坡度不小于 2%。料仓采用全封闭式彩钢板材质，并预埋及架空蒸汽管道，确保冬季施工时材料温度满足要求。

图 3-26　混凝土拌和站

图 3-27　密封式砂石料棚

第四章　制梁场建场实例

第一节　规划思路

随着高铁的迅猛发展，提高现场管理水平，实现工地制梁作业工厂化、标准化、专业化、机械化、信息化，按照突出优化生产的关键环节，以精细化的方式强化项目管控，努力实现制梁场建设、过程管理规范化、标准化、模块化。

根据铺架工期安排和拟投入生产资源（移、运梁设备）、拟采用工艺、场地状况，工艺流程等因素综合考虑，确定梁场建设总体方案。梁场按使用功能划分为生活区、办公区、制梁区、存梁区、保障区、装梁区等区域，并根据其作用不同单独设计。

根据确定的总体方案及工艺选定设备（工装）规格、型号。

（1）制梁场生产主要设备包括：混凝土搅拌站、移梁机、吊装设备、装载机、钢筋生产设备（数控棒材剪切生产线、数控双向移动斜面棒材弯曲中心、钢筋切断机、钢筋矫直机等）、锅炉、混凝土输送设备（布料机、混凝土输送泵）、张拉（放张）设备、发电机等。

（2）制梁场生产检验设备包括：原材料检验设备、工序过程检验设备、半成品检验设备、成品检验设备等。

（3）制梁场生产工装主要包括：制梁台座及配套装备、存梁台座、模板、定位网片焊接胎卡具、梁体钢筋绑扎胎卡具、混凝土灌注防雨设施、混凝土养护装置等。

第二节　项目建设实例

一、合安客专（HAZQ-2）标段概况

新建合肥至安庆铁路位于安徽省西南部，线路北起安徽省合肥市，经合肥市肥西县、庐江县，六安市舒城县，安庆市桐城市、怀宁县、宜秀区。线路北连合肥枢纽与既有沪汉蓉、合蚌、合福铁路、在建的商合杭客专衔接，向北可达皖东北及苏北、山东；中与宁安城际、规划的阜六景铁路衔接，延伸向南经九江地区可达环鄱阳湖生态经济区及粤东地区（图 4-1）。

合安客专正线全长 161.913 km，正线桥梁长度 117.809 km/21 座（其中双线 116.178 km/18 座、单线 3.263 km/3 座），桥梁比重 72.8%。HAZQ-2 标段，本标段线路里程范围：合安高铁正线 DK40＋413.31～DK65＋542.055（杭埠特大桥安庆台）站前工程，全长 25.129 km。

主要工程内容包括：路基 2.476 km/2 段，桥梁 22.653 km/3 座（含 7 联连续梁），框架涵 11 座，舒城东车站 1 座，无砟道床 50.733 km，梁场 1 处（制架梁范围：合安高铁正线 DK39＋376～DK65＋542.05，含花岗特大桥连续梁拱至桥尾段简支箱梁的预制架设），共制架简支箱梁 697 孔。

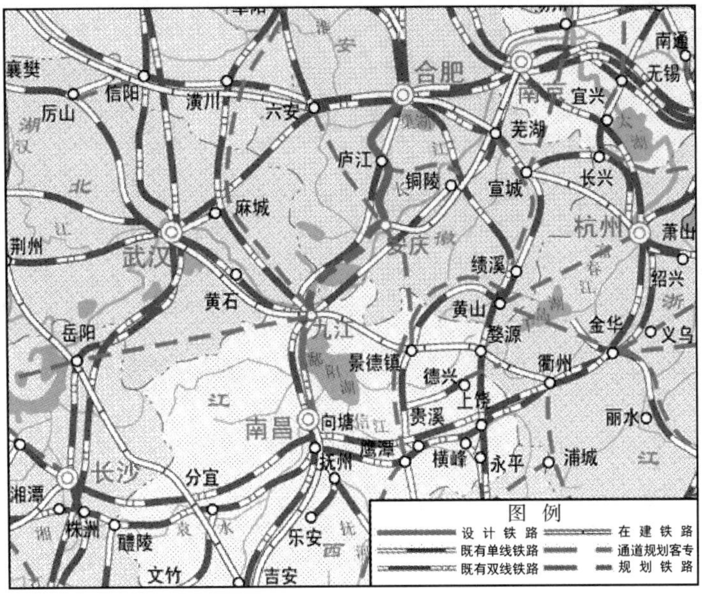

图 4-1　合安客专线路图

二、舒城东制梁场情况

(一)制梁任务

舒城东制梁场位于新建合安铁路 DK52＋100 左侧，承担着新建合肥至安庆铁路 HAZQ-2 标段(起讫里程为:DK40＋413.31～DK65＋542.055)共计 697 孔预应力简支箱梁的预制任务(其中 2 标杭埠河特大桥 373 孔、吕家湾中桥 4 孔，丰乐河特大桥 288 孔和 1 标花岗特大桥 32 孔，见表 4-1)。

表 4-1　舒城东制梁场生产情况表

序号	桥　　名	数量(孔)		备　　注
		32 m	24 m	
1	花岗特大桥	30	2	1 标
2	丰乐河特大桥	266	22	2 标
3	吕家湾中桥	2	2	
4	杭埠河特大桥	349	24	

(二)工期要求

1. 总体工期要求

指导性施组安排，HAZQ-2 标要求于 2017 年 6 月 15 日开始铺架，先从梁场小里程吕家湾中桥开始架设，2017 年 12 月 3 日架设完花岗特大桥后调头铺架大里程方向杭埠河特大桥。

2. 控制工程节点工期

(1)运梁通道处的 DK50＋939.97～DK52＋673 路基地基处理要求 2017 年 3 月 31 日施工完毕，不影响运梁通道和铺架开始节点。

(2)DK45＋196 处(60＋100＋60)跨丰乐河连续梁要求 2017 年 7 月 31 日施工完毕，是

铺架要第一个(2017 年 9 月)通过的连续梁，全线 7 处连续梁，均同时开工不影响架梁通过。

(3)铺架顺序及施工安排以确保生产均衡，不超过最大生产能力为原则(图 4-2)。

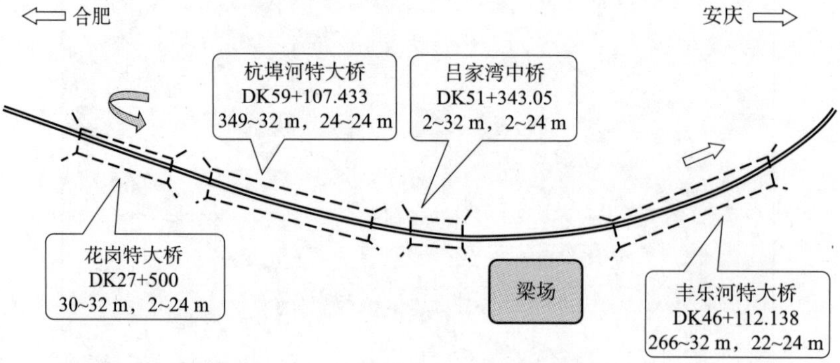

图 4-2 HAZQ-2 标段铺架顺序

3. 制架梁计划

根据生产必须满足铺架工期需求的原则，计划从 2016 年 11 月底开始组织建场，2017 年 3 月 15 日完成建场工作，自 2017 年 3 月开始试生产，2017 年 4 月中旬进行桥梁生产许可证认证工作，2017 年 4 月下旬进行批量生产，2018 年 6 月完成桥梁预制任务。

(三)梁场规划

1. 通过对沿线几处满足设置制梁场条件的场地比选，由于标段境内土地资源紧缺，大面积土地较少，房屋建筑较多且分散，拆迁难度较大，通过比选拟选位置处紧邻 X005 县道，引入便道较短，通过协商从附近酒厂租用库房改造为协议工住房并从酒厂院中贯通引入便道，拟选定该处为制梁场用地。

2. 根据铺架工期及拟投入生产资源(移、运梁设备)、拟采用工艺、场地状况，工艺流程情况，综合考虑确定梁场采用 900 t 轮胎式搬运机移梁，450 t 跨墩门吊提梁上桥装车方案。

3. 根据生产任务、设备资源及现场情况，拟采用整体滑移式侧模板及钢筋整体绑扎工艺。

4. 按照确定的总体方案，结合使用功能，将制梁场划分为生活区、办公区、制梁区、存梁区、保障区、装梁区等，并根据其用途的不同进行单独设计。

5. 根据确定的梁场建设方案及工艺选定设备(工装)规格、型号及拟投入的生产资源数量。

(四)制梁台座规划

1. 单个台座月最大使用率

制梁场生产任务为 697 孔(箱梁)，根据铺架工期要求，2017 年 3 月开始制梁，4 月中旬完成生产许可证认证，正式生产周期为 13 个月，平均月产量 53 孔。考虑到最大铺架能力，确定梁场最大生产量为 60 孔/月。

2. 单台座生产效率占用时间

根据采用工艺装备、工艺方式计算单孔梁体预制占用每个台座理论时间：每个制梁台座周转一次理论时间 106 h(表 1-2)。

3. 制梁台座布置方式

根据采用 900 t 搬运机及滑移式侧模板的实际情况，考虑施工可操作性和实用性。制梁台座在生产区内两两交错布置，以利内模滑移和钢筋吊装。每个制梁台对应一个存梁区。转向区设置于存梁区后面，可明显减少搬运机重载掉头频次和重载运输距离。

4. 制梁台座数量确定

按照制梁、架梁速度均衡的原则，根据台座生产功效分析表，在模板与台座 1∶2 配置的情况下，单台座占用周期为 4.5 d，单个台座生产效率 6.2 孔/月（按照 28 d 考虑），则需制梁台座数量 10 个（图 4-3）。

图 4-3 制梁台座布置方式

（五）存梁台座规划

1. 存梁台座设置依据

(1)存梁台座的数量将决定梁场的箱梁存储能力，是否能满足工期要求，因此存梁区域设计是预制梁场的重要组成部分，存梁台座应本着满足安全、经济、实用、施工便捷的原则进行规划。

(2)一般情况下，每孔梁体从浇筑至终张拉压浆完成为 15 d 左右，压浆后等强，龄期共需 28 d，即梁体在存梁区域存梁的时间在 45 d 左右。

(3)箱梁存放一般采取四支点存放方式。一般情况下，每孔箱梁浇筑至终张拉压浆完成为 15 d 左右，压浆等强龄期需 28 d，即箱梁在场内存梁的时间在 45 d 左右。例如 45 d 共计生产 90 孔箱梁，则 90/10＝9 个，理论上每个制梁台座对应的最小单层存梁台座数量为 9 个（双层为 4.5 个）。如梁场计划全部为双层存梁台座，考虑到窝、停工的潜在风险，故存梁储备系数设置为 1.4，同时由于 24 m 箱梁的铺架不连续性，梁场可能积压部分 24 m 箱梁，所以设置一排 32 m/24 m 共用台座，设置箱梁部分双层存梁，共设存梁台座 70 座。

(4)T 梁存放一般采用钢筋混凝土条形基础方式。例如 T 梁存梁台座为条基台座，设置 T 梁双层存梁台座长为 89.45 m，1 片 T 梁桥面宽 2.3 m，预留 20 cm 空隙，共存梁 89.45/2.4＝37 片（双层存梁）。

2. 存梁方式的确定

梁体存放方式与搬运梁设备有很大的关系，梁场场地状况、地质情况也对存梁方式有着重要的影响。根据制梁场场地与基础处理方案结合采用 900 t 轮胎式搬运机的情况，决定采用双层存梁方式。

3. 存梁台座数量的确定

(1)最少存梁台座的数量

$$M=T\eta K$$

式中 η——梁场制梁效率(孔/天)；

T——箱梁在存梁台座上最少存放时间(天)；

K——因不确定因素影响造成存梁增大的储备系数(一般取 1.2～1.4)。

(2)存梁台座设置

根据生产进度指标 60 孔/月，按照 45 d 存梁时间计算，则存梁台座数量为 90/10＝9.0 个，理论上每个制梁台座对应的最小单层存梁台座数量为 10 个。梁场计划全部为双层存梁台座，由于半成品占用台座周期较长(约 15 d)，存梁不能达到饱和状态，同时由于 24 m 箱梁的铺架不连续，梁场可能积压部分 24 m 箱梁，所以设置一排 32 m/24 m 共用台座，考虑到材料供应、拆迁、气象等因素综合影响，设置箱梁最大存梁能力 120 孔，可以满足存梁要求。

(六)生产功能区规划

1. 混凝土拌和站及混凝土场内运输系统规划

(1)混凝土拌和站设置

根据 2 孔/d 生产进度指标，结合设计文件及《高速铁路预制后张法预应力混凝土简支梁》(TB/T 3432—2016)标准要求："箱梁混凝土连续浇筑不超过 6 小时"，32 m 箱梁混凝土 315 m^3/孔，故 315 m^3/6 h＝52.5 m^3/h ＜ 60 m^3/h，要满足在最不利情况下施工需要。根据《铁路混凝土》(TB/T 3275—2011)中对混凝土拌制、施工应满足的技术条件，选用 HZS180 型拌和站。每盘拌制混凝土 2～3 m^3，搅拌时间为 3 min，设备正常工作的情况下，每站混凝土最小供应能力为 60 m^3/h，双站最小生产能力 120 m^3/h。根据高性能混凝土设计要求及搅拌的工艺及特点和混凝土原材料检验周期要求，每个拌和站各配置粉罐 7 个，考虑到水泥 3 d 检验周期及矿粉 7 天等强周期的因素，为避免未检先用现象的发生，拌和站配置 3 个 200 t 的水泥罐 4 个 100 t 的矿粉、粉煤灰罐可满足要求。

(2)制梁场建 1 座混凝土搅拌站，搅拌站配置 2 台 HZS-180 型搅拌机，该区域占地 3 596 m^2。为缩短混凝土灌注时间、考虑便捷施工等因素，采用混凝土罐车运输、泵送方案。

2. 砂石料仓规划

(1)料仓形式及要求

砂、石料采用全封闭形式，能够起到隔热、保温效果。棚顶采用透光材质，使得料棚内视线良好，并应设置可移动栏杆防止未检先用(图 4-4)。

(2)砂、石料仓储量的计算

1)砂、石料存储量，应根据当地料源供应、道路运输及生产进度指标情况，综合确定。

2)根据制梁场实际情况，砂、石料储存能力按 20 孔 32 m 箱梁估算。结合混凝土配合比设计因素，单孔梁砂子用量约:152 m^3，碎石用量约:215 m^3。则 20 孔梁砂子:152 m^3/孔×20 孔＝3 040 m^3，碎石:215 m^3/孔×20 孔＝4 300 m^3。根据周边地材的考察情况，合格料源不多，并且供应面窄，施工中存在地材涨价的风险，为降低成本，结合实际考虑存储部分砂、石料作为备用，可单独设置露天存料区。

3)砂石料存放区规划六个砂石料大棚，总占地 8.1 亩，六个均为合格仓(2 个砂料仓、4 个碎石仓)，考虑到铲车作业，结合料棚模数要求，每个料棚设计尺寸为：长 30 m×宽 15 m。单个砂、石料棚(长)30 m×(宽)15 m，存料高度为 2 m，则砂、石料储存能力：900 m^3 ×6＝5 400 m^3，满足正常施工要求。单独设置备用料区露天存放，面积 1 691 m^2，存料能力约为 3 382 m^3。

4)在砂、石料仓的隔墙上，应清晰标识各种材料名称、规格、数量、质量状态等信息；集料仓均搭设防雨棚，地面用混凝土硬化，设置不小于 4% 的排水横坡，仓内排水系统完善，场地干净整洁(图 4-5)。

图 4-4　密封式砂、石料仓

图 4-5　砂石料仓内部

3. 钢筋加工区域

(1)钢筋加工及存放区设计

1)根据生产进度和每天生产任务量，材料供应情况，合理确定每种规格钢筋加工数量、合理储备量；根据确定的加工及绑扎速率，按每 24 h 绑扎一榀梁的钢筋，合理确定需要的钢筋加工设备及绑扎区的胎具数量，通过钢筋绑扎胎具数量计算钢筋加工、存放及绑扎区域的占地面积。

2)钢筋加工、存放棚采用装配式车间；钢筋加工设备采用数控钢筋弯曲机进行机械化加工。在钢筋车间内原材料、半成品存储及设备布置统一化、规范化、标准化，实现钢筋存放、加工区域一体化，提高钢筋加工效率，降低劳动力强度。

(2)钢筋车间

1)根据 2 孔/d 生产进度指标，综合考虑钢筋加工车间长度为 180 m，宽度为 21 m，柱距为 6 m，车间檐口高度为 11.5 m，占地 3 780 m^2。车间内采用桥式吊吊车进行钢筋移位，跨度为 19.5 m，起吊高度为 7 m。

2)车间内设原材存放区、加工区、半成品存放区。加工区划分成品检验区、合格成品区(图 4-6)。

4. 物资存放区

(1)在满足生产需要的前提下根据生产进度指标，进行合理数量的物资储备，用以确定材料存储库房的面积。

(2)根据生产进度指标 2 孔/d，考虑到当地资源情况，制梁场装配式库房长度为 24 m，宽度为 12 m，檐口高度为 4 m，柱距为 6 m，共设置 14 个存储区(图 4-7)。

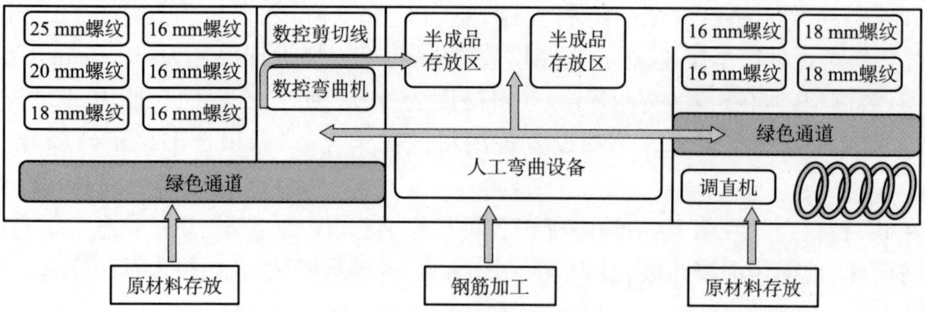

图 4-6　钢筋车间内布置图

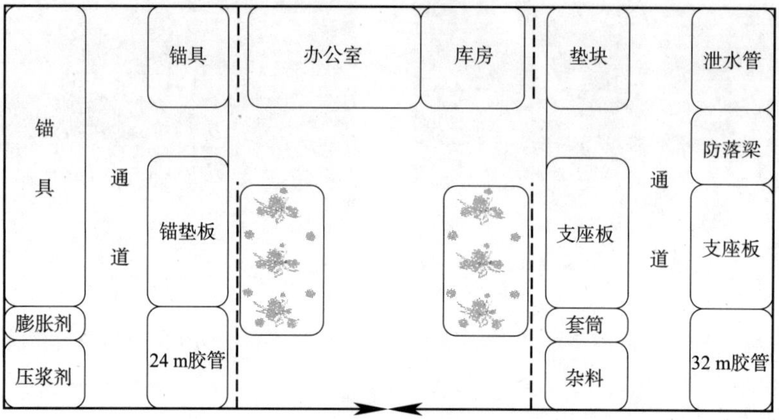

图 4-7　物资存放区域布置图

5. 试验室

(1)为做到试验室建设标准化，规范制梁场试验室建设及管理，根据《预应力混凝土铁路桥简支梁产品生产许可证实施细则》(XK17-004)要求，工地试验室平面图设计应满足取证要求，面积为 810 m^2。

(2)试验室房屋共计 12 间，包括：办公室、资料室、计量室、力学室、标养室、混凝土室、样品室、胶材室、化分室、集料室、校验室、库房(图 4-8)。

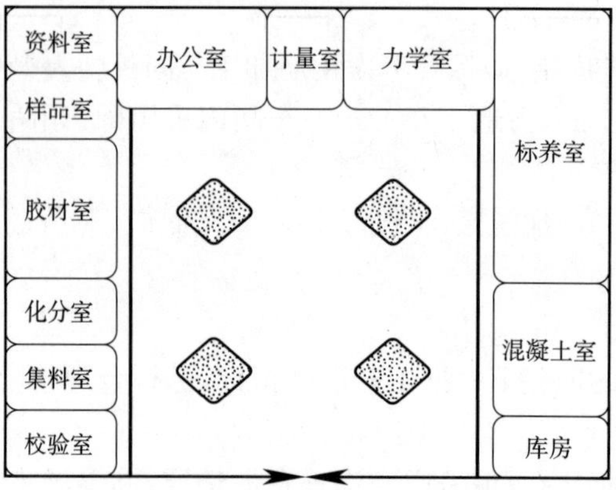

图 4-8　制梁场试验室平面布置图

6. 办公生活区

(1)制梁场总体布局采用四合院形式。办公生活区布置应结合实际情况,在满足文明施工需要的前提下,应以节约占地面积、紧凑合理的原则布置。

(2)办公室、宿舍、食堂、浴室、厕所和员工活动区(篮球场、羽毛球场、活动室、员工阅览室)等设施均采用装配式彩钢板活动房,满足全体员工办公、生活需求(图 4-9)。

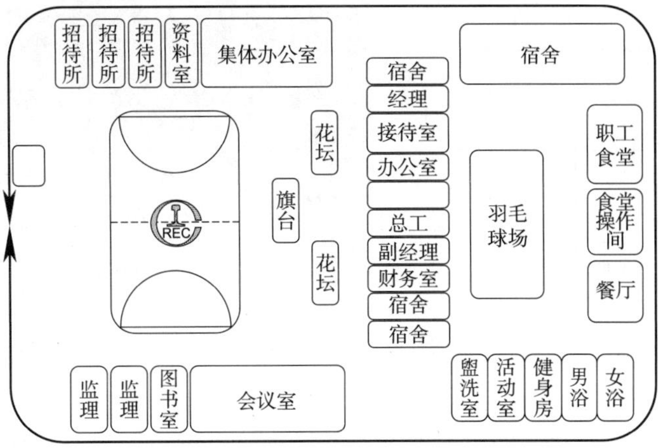

图 4-9　制梁场办公区平面布置图

7. 箱梁装车区

根据制梁场实际情况,采用跨墩提梁上桥装车方案。

(七)制(存)梁台座基础处理

1. 制梁台座设计

根据当地资源及地勘情况,制梁台座基础采用预应力管桩基础,根据地勘及现场试桩情况确定桩基长度。每个台座布设 14 根直径为 400 mm 长度为 14 m 的管桩,上部结构采用 C30 混凝土筏板、条基(图 4-10)。

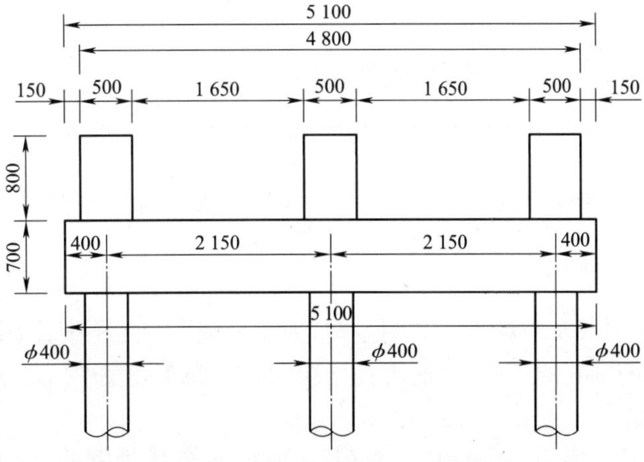

图 4-10　制梁台座条基及基础处理图(单位:mm)

2. 存梁台座设计

制梁场采用 900 t 轮胎式提梁机,结合现场实际采用双层存梁方案。根据地勘资料结合当地资源情况，存梁台座地基处理采用预应力混凝土静压管桩基处理。32 m 存梁台座每端基础布置 3 根桩径为 400 mm 桩长为 13 m 管桩(图 4-11)。

图 4-11　存梁台座基础处理及实景图(单位:mm)

3. 拌和站基础设计

搅拌站灰罐基础采用钢筋混凝土板筏基础。处理方式为:将搅拌站灰罐基础进行整体处理，开挖后换填 1 m 石渣、0.4 m 级配碎石，0.3 m 厚三七灰土封水层后用压路机碾压夯实。中部灌注 1.2 m 钢筋混凝土整体伐板，上部灌注 1 m 厚 C30 混凝土支墩。基础开挖长度 11.5 m、宽度 8 m、深 3.7 m 端头各放宽 4 m。

(八)设备(工装)规划

1. 模板配置

(1)底模板:底模板与制梁台座按照 1∶1 配制共设 10 套(其中 32 m 底模 9 套，24 m 底模 1 套)。

(2)侧模板:侧模板采用整体钢模板，考虑到节约投资，采用侧向滑移工艺。侧模板与台座按照 1∶2 设置，配置 5 套模板(4 套 32 m，1 套 24 m 用)。

(3)内模板:32 m 内模 4 套;24 m 内模 1 套;32 m 端模 4 套，24 m 端模 1 套。

2. 钢筋绑扎胎卡具

(1)数量确定

钢筋绑扎采用整体式绑扎工艺。根据月最大生产能力要求，钢筋骨架绑扎能力为 0.5 孔/d，绑扎钢筋骨架成品占用胎卡具时间为 2 d。按胎卡具配置数量满足钢筋骨架绑扎作业占用胎卡具时间计算，综合考虑共计配置 4 套整体式绑扎胎卡具。

(2)胎卡具布置

考虑到钢筋运输便捷及现场工地文明需要，为缩短钢筋调运距离，减少与各工序之间的交叉作业冲突，加快钢筋绑扎的速度，钢筋绑扎区应紧邻钢筋车间集中区域布置。

3. 起重设备规划

(1)场内起重设备主要为 100 t、40 t 龙门吊两种，主要作为钢筋、模板、混凝土等工序使用，门吊数量的配置以满足生产使用为前提。

(2)龙门吊配置分析，单孔梁生产周期内龙门吊占用时间见表 4-2。

表 4-2　单孔梁预制占用龙门吊功效分析表(箱梁)

序号	工序名称	时间(h)	门吊占用情况	备　注
1	端模拆除	3	单台门吊	
2	内模拆除	3.5	双台龙门吊	
3	钢筋吊装	3.5	双台门吊	
4	端模安装	2.5	单台门吊	
5	内模安装	3.5	双台龙门吊	
6	吊运布料机	2	单台门吊	
7	养护棚安装	2	双台门吊	
8	抽拔胶管吊运	4	单台门吊	
9	张拉作业	1	单台安装	
10	卷扬机吊装(拔管机移位)	1	单台门吊	
11	其他使用	5	单台门吊	
12	时间总计	31		

(3)龙门吊数量确定

按 2 孔/d 生产进度指标考虑,按照配置 100 t 门吊方案,双台门吊占用:12.5×2=25 h,单台门吊占用 18.5×2=37 h。因此配备 40 t-40 m 门吊 2 台、100 t-40 m 门吊 2 台,用于模板、钢筋骨架及其他施工用机具的吊运。

(4)移运梁采用 1 台 900 t 搬运梁机进行移梁作业。

4. 制梁场生产用主要(工装)设备(表 4-3)。

表 4-3　箱梁生产用主要(工装)设备表

序号	设备名称	型　号	规　格	数　量	备　注
1	电力变压器	1 000 kVA	1 000 kVA	1 台	设备
2	混凝土搅拌站	HZS-180	180 m^3/h	2 套	设备
3	柴油发电机组	500 kW	500 kW	2 台	设备
4	蒸汽锅炉	—	6 t	1 台	设备
5	门式起重机	MG100/10-40	100 t/10 t	4 台	设备
6	门式起重机	MG40/10-21	40 t/10 t	2 台	设备
7	混凝土输送泵	80 m^3/h	80 m^3/h	2 台	设备
8	搬运机	—	900 t	1 台	设备
9	布料机	HG21	5 kW	3 台	设备
10	地磅	120 t	120 t-18 m	1 台	设备
11	拔管机	ZXZ-X	—	1 台	设备
12	电焊机	BX1-500	0-500 A	5 台	设备
13	附着式振动器	高频	ZF-150D	200 台	设备
14	插入式振动器	ZN-50	—	40 台	设备
15	整平机	HCTZ-194	—	1 台	设备
16	全自动数控钢筋立式中心	G2L32E-1	—	2 台	设备
17	钢筋调直切断机	GJDX	—	1 台	设备

续上表

序号	设备名称	型　号	规　格	数　量	备　注
18	钢筋切断机	QJ50-1	ϕ50	4台	设备
19	钢筋弯曲机	GW-50A	ϕ50	8台	设备
20	滚丝机	ZB28-125	—	1台	设备
21	轮式装载车	50型	3 m^3	2台	设备
22	混凝土罐车	10 m^3	10 m^3	4台	设备
23	静载试验架	—	—	1套	设备
24	洗石机	XS-100	—	1套	设备
25	千斤顶	YCW250B	250 t	4台	设备
26	千斤顶	YCQ350B	350 t	8台	设备
27	油泵	ZB4-500	50 MPa	10台	设备
28	真空泵	MBV110	—	2台	设备
29	压浆机	SQG45A	—	1台	设备
30	压浆台车	GSZW-700	—	2套	设备
31	制梁台座	32 m/24 m	—	9/1	工装
32	存梁台座	32 m/24 m	—	120跨	工装
33	钢筋绑扎胎卡具	32/24 m	—	4套	工装
34	自动喷淋养护设施	—	—	10套	工装
35	分体式防雨棚	—	—	1套	工装
36	养护棚	—	—	10套	工装
37	钢筋吊具	32 m/24 m	—	1套	工装

(九)制梁场规模确定

制梁场占地约230亩。配置制梁台座10座,双层存梁台座60座。100 t/40 t龙门吊各两台,HZS180型拌和站2座。滑移式侧模5套、内模4套。混凝土灌注采用混凝土罐车加泵送施工工艺;钢筋绑扎采用整体绑扎、吊装工艺;场内箱梁倒运采用900 t提梁机搬运工艺(图4-12和图4-13)。

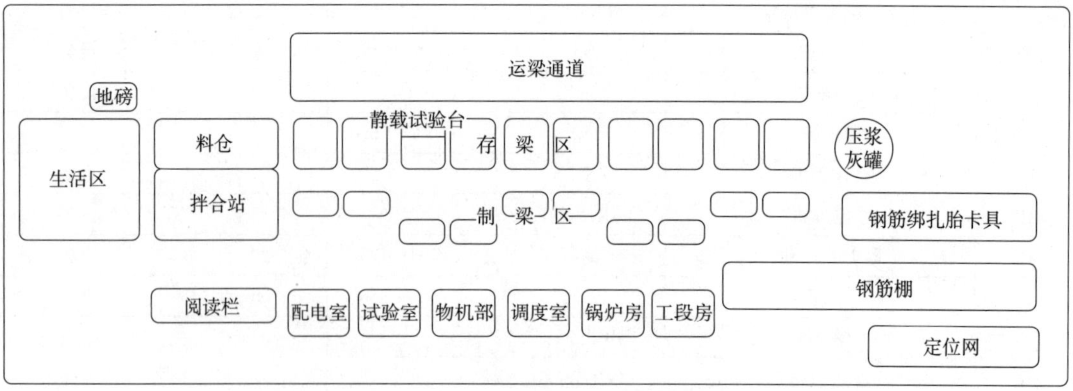

图4-12　舒城东制梁场平面示意图

图 4-13　900 t 轮胎式搬运机移运箱梁实景图

（十）临时用电规划

1. 总体布置

（1）制梁场供电区域采用 TN-S 系统供电，变压器线路采用 240 mm^2 铝电线从 10 kV 引出后经场内道路地埋至变压器室。经过低压控制柜后引出线路至 1# 搅拌站、2# 搅拌站、1# 输送泵、2# 输送泵、动力线、钢筋车间、100 t 龙门吊、现场照明、试验室和生活用电、洗石清洗区域。

（2）通过梁场用电负荷计算，梁场选用 1 台 1 000 kVA 的箱式变压器供电。备用 2 台 500 kW 发电机组。

2. 电力负荷计算

（1）计算依据（表 4-4）

表 4-4　舒城东制梁场主要用电设施表

序号	设备名称	型号规格	单台功率(kW)	台套数	总功率(kW)	备注
1	搅拌站	HZS180	260	2	520	混凝土
2	混凝土输送泵	HBT8022C-5	130	2	260	
3	布料机	HG21	5	2	10	
4	蒸汽锅炉	6 t/h	60	1	60	
5	附着振动器	ZF-150D	0.75	64	48	
6	整平机	HCTZ-194	4.5	1	4.5	
7	振动棒	ZN-50	1.5	15	22.5	
8	拔管机	ZXZ-X	12	1	12	
9	全自动数控剪切线	GJDX	19.5	1	19.5	钢筋
10	钢筋弯曲立式中心	G2L32E-1	20	2	40	
11	调直切断弯曲一体机	16 型	5	1	5	
12	弯曲机	GW50	3	6	18	
13	切断机	GQ50	8	4	32	
14	调直机	JK3	7.5	2	15	
15	电焊机	BX1-500	22	5	110	
16	滚丝机	ZB28-125	5.5	1	5.5	

续上表

序号	设备名称	型号规格	单台功率(kW)	台套数	总功率(kW)	备注
17	100 t 龙门吊	SMQ100/10-40 m	45	4	180	起重张拉压浆
18	10 t 龙门吊	SMQ40/10-21 m	20	2	40	
19	高压油泵	ZB4-500	3	10	30	
20	高速搅拌机	JS-300	11	1	11	
21	真空压浆泵	MBV110	4	2	8	
22	试验室	—	—	—	20	生产办公
23	照明	—	—	—	30	
24	空调	—	1.5	40	60	
25	食堂	—	—	—	10	
26	其他	—	—	—	20	

(2)线路接入

制梁场高压线路接入由外部引入大电。首先进行用电负荷的确认,以及现场低压配电柜电力输出回路设计,并明确场内线路的负荷、线路截面面积,然后确定变压器容量大小,最后完成各区域用电线路规划、施工。

(3)确定变压器容量的大小

通过梁场用电设备负荷、确定梁场变压器容量大小。

$$P_{计}=(1.05-1.10)\times(K_1\sum P_1/\cos\phi+K_2\sum P_2+K_3\sum P_3)$$

式中 $P_{计}$——计算用电量(kW);

K_1——全部动力设备同时使用系数,可按实际情况确定,取值 0.5;

K_2——电焊机同时使用系数,取值 0.5;

K_3——照明设备同时使用系数,可按实际情况确定,取值 0.6;

$\sum P_1$——全部电动机额定输出功率总和(kW);

$\sum P_2$——电焊机额定容量(kV·A);

$\sum P_3$——工地照明设备额定用电总和(kW);

$\cos\phi$——用电设备功率因数,一般取 0.85。

施工现场电动机总功率:$\sum P_1=1\ 196$ kW

电焊机额定用量:$\sum P_2=5\times38.6=193$ kV·A

照明及其他设备:$\sum P_3=189$ kW

$$P_{计}=1.05\times(0.5\times1\ 196/0.85+0.5\times193+0.6\times189)=959.10\ \text{kV·A}$$

因此制梁场设计采用 1 000 kV·A 的变压器,能满足箱梁生产用电要求。

(十一)临时用水规划

1. 总体规划

经实地考察,当地水资源较丰富,考虑到梁场生产、生活用水成本,生活用水从临时租地接入饮用自来水;生产用水采用浅井取水和地表水过滤净化利用,以满足梁场生产、生活用水需要。

2. 用水量计算

(1)施工用水量

$$q_1=k_1\sum\frac{Q_1N_1}{T_1t}\times\frac{K_2}{8\times3\ 600}$$

式中　q_1——施工工程用水量(L/s)；

k_1——未预计施工用水系数，取 1.05～1.15；本工程计算时取 1.15；

K_2——现场施工用水不均衡系数，取 1.5；

Q_1——年度计划完成工程量，按本工程实际情况，混凝土施工时需水量最大且集中，Q_1 取水泥混凝土浇筑施工每台班完成 316 m³×2 孔＝632 m³，根据生产计划年生产混凝土量为 220 252 m³；

N_1——施工用水定额混凝土配合比，按 150 L/m³ 计算，考虑养护工艺等因素，合计按 200 L/m³ 取值；

T_1——有效工作日，按混凝土施工日历天计算，按 300 天计(扣除冬休期)；

t——每天工作班数，按 2 计算。

$$q_1 = 1.15 \times \frac{220\ 252 \times 200}{300 \times 2} \times \frac{1.5}{8 \times 3\ 600} = 4.40\ \text{L/s}$$

(2)机械用水

$$q_2 = k_1 \sum Q_2 N_2 \times \frac{K_3}{8 \times 3\ 600} = 1.15 \times \frac{(4 \times 500 + 2 \times 600 + 1 \times 1\ 000 + 8 \times 2\ 000) \times 2.0}{8 \times 3\ 600} = 1.62\ \text{L/s}$$

主要施工设备：

罐车 4 台(N_2＝500 L/台班)；搅拌站 2 台清洗用水(N_2＝600 L/台班)；洗石机(N_2＝1 000 L/m³)

式中　q_2——机械用水量(L/s)；

Q_2——机械台数，根据工程实际采用；

N_2——施工机械台班用水定额，喷淋设备梁体养护：2 000 L/台班，洗罐车：500 L/台车次，搅拌站清洗：600 L/台次，洗石机：1 000 L/m³。

K_3——施工机械用水不均衡系数，取值为 2.0。

(3)施工现场生活用水

$$q_3 = \frac{P_1 N_3 K_4}{t \times 8 \times 3\ 600} = \frac{400 \times 60 \times 2}{2 \times 8 \times 3\ 600} = 0.83\ \text{L/s}$$

式中　q_3——施工现场生活用水量；

t——每天工作班数，按 2 计算；

P_1——施工现场高峰昼夜人数，取 P_1＝400 人；

N_3——施工现场生活用水定额，取值 60 L/人；

K_4——施工现场生活用水不均衡系数，取值 2。

(4)生活区用水

$$q_4 = \frac{P_2 \times N_4 \times K_5}{24 \times 3\ 600} = \frac{400 \times 100 \times 2}{24 \times 3\ 600} = 0.93\ \text{L/s}$$

式中　P_2——生活区居住人数，根据劳动力计划，平均 P_2＝400 人；

N_4——生活区昼夜全部生活用水定额，取值 100 L/人；

K_5——生活区生活用水不均衡系数，取值 2。

(5)消防用水

根据消防范围及发生次数，按火灾发生次数一次计算，q_5＝10 L/s；

(6)确定施工总用水量

$$q_1+q_2+q_3+q_4=4.40+1.62+0.83+0.93=7.78\ \text{L/s}<q_5=10\ \text{L/s}$$

当 $q_1+q_2+q_3+q_4\leqslant q_5$ 时，总用水量：

$$Q=q_5+\frac{1}{2}(q_1+q_2+q_3+q_4)=10+\frac{1}{2}\times 7.78=13.89\ \text{L/s}$$

3. 供水管径的确定

$$d=\sqrt{\frac{4Q}{3.14\times V\times 1\,000}}$$

式中 d——管径(m)；

Q——用水量(L/s)；

V——管网中的水流速度(一般取 2.0～2.5 m/s)，取值 2.0。

$$d=\sqrt{\frac{4Q}{3.14\times V\times 1\,000}}=\sqrt{\frac{4\times 13.89}{3.14\times 2.0\times 1\,000}}=0.094\ \text{m}=94\ \text{mm}$$

取公称直径为 $d=100$ mm 钢管。

4. 供水(排水)系统布置

现场设两处水源，两口浅水井，根据需求量修建蓄水池，采用二级泵送供水方式配 DN50 mm 管路满足生产需求(图 4-14 和图 4-15)。

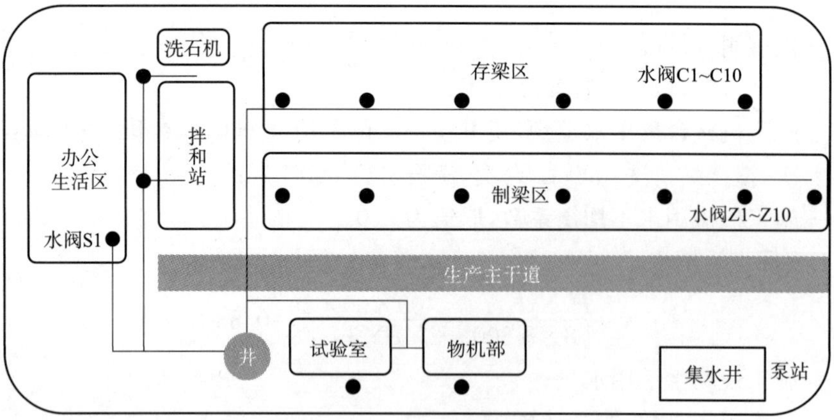

图 4-14　供水线路敷设图

(十二)临时道路规划

1. 进场道路

梁场进场道路应与附近主要干道接通，便于主要材料、设备、人员出入，经实地考察，设置进场道路 1 条：宽 8 m，长 445 m，沥青混凝土路面结构，直通县道 X005。

2. 场内主干道

场内设置承重道路共 3 条：材料进场道路、场内生产主道路、搬运机通道。材料进场、场内生产道路：宽 8 m，水泥混凝土路面结构；搬运机通道宽 8.5 m，搬运机转向区(运梁通道)宽 29 m，均采用混凝土路面结构。

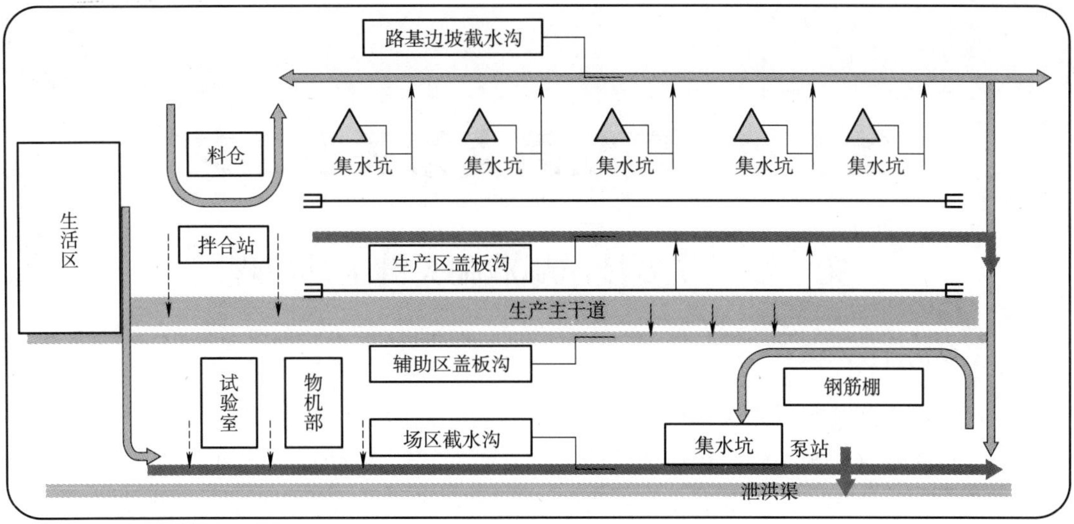

图 4-15　排水线路布置图

第五章　预制简支梁关键工艺

第一节　主要技术标准和关键工艺流程

一、主要执行技术标准

（一）《高速铁路预制后张法预应力混凝土简支梁》(TB/T 3432—2016)

（二）《高速铁路预制先张法预应力混凝土简支梁》(TB/ T3433—2016)

（三）《预制后张法预应力混凝土铁路桥简支 T 梁技术条件》(TB/T 3043—2005)

（四）《预制先张法预应力混凝土铁路桥简支 T 梁技术条件》(TB/T 2484—2005)

（五）《预应力混凝土铁路桥简支梁静载弯曲试验方法及评定标准》(TB/T 2092—2003)

（六）《预应力混凝土铁路桥简支梁产品生产许可证实施细则》(XK 17-004)

二、关键工艺流程

后张箱梁工艺流程如图 5-1 所示，先张箱梁工艺流程如图 5-2 所示，后张 T 梁工艺流程如图 5-3 所示，先张 T 梁工艺流程如图 5-4 所示，后张 U 梁工艺流程如图 5-5 所示，先张 U 梁工艺流程如图 5-6 所示。

第二节　预制简支梁关键工艺

一、钢筋工程

（一）工艺流程

进场复检—钢筋下料—弯制成型—绑扎骨架—预留孔道成型(后张梁)—吊装就位—隐蔽工程检查—模板施工。

（二）钢筋加工

1. 钢筋加工一般采用钢筋调直机、闪光对焊机、钢筋切断机以及钢筋弯曲机等机械设备进行钢筋半成品加工。

2. 现场一般采用数控钢筋弯曲机进行钢筋弯制、加工。

3. 后张梁预留管道采用钢筋定位网。定位网采用设计图纸规定的尺寸、型号、钢筋类别，并应在专用胎卡具上进行焊制成型，以保证定位准确(图 5-7 和图 5-8)。

4. 为保证后张梁预应力管道定位准确，预留管道定位网片在绑扎钢筋骨架前，首先在定位网胎具上焊好，然后将定位网片按编号在设计位置与箍筋、蹬筋同时绑扎好。

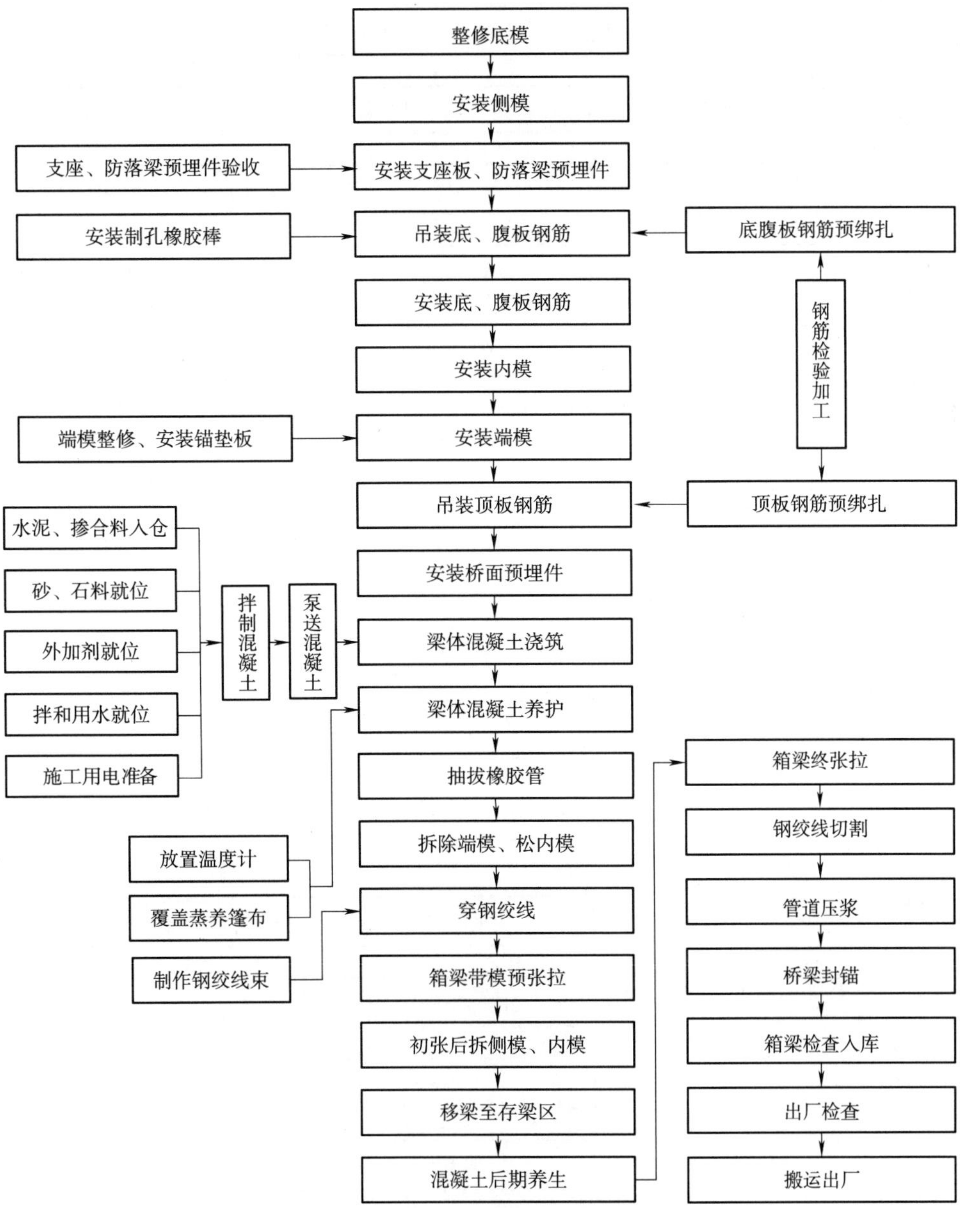

图 5-1　后张箱梁工艺流程

注：本工艺为分体式绑扎工艺，实际因采用工艺不同，而略有不同。

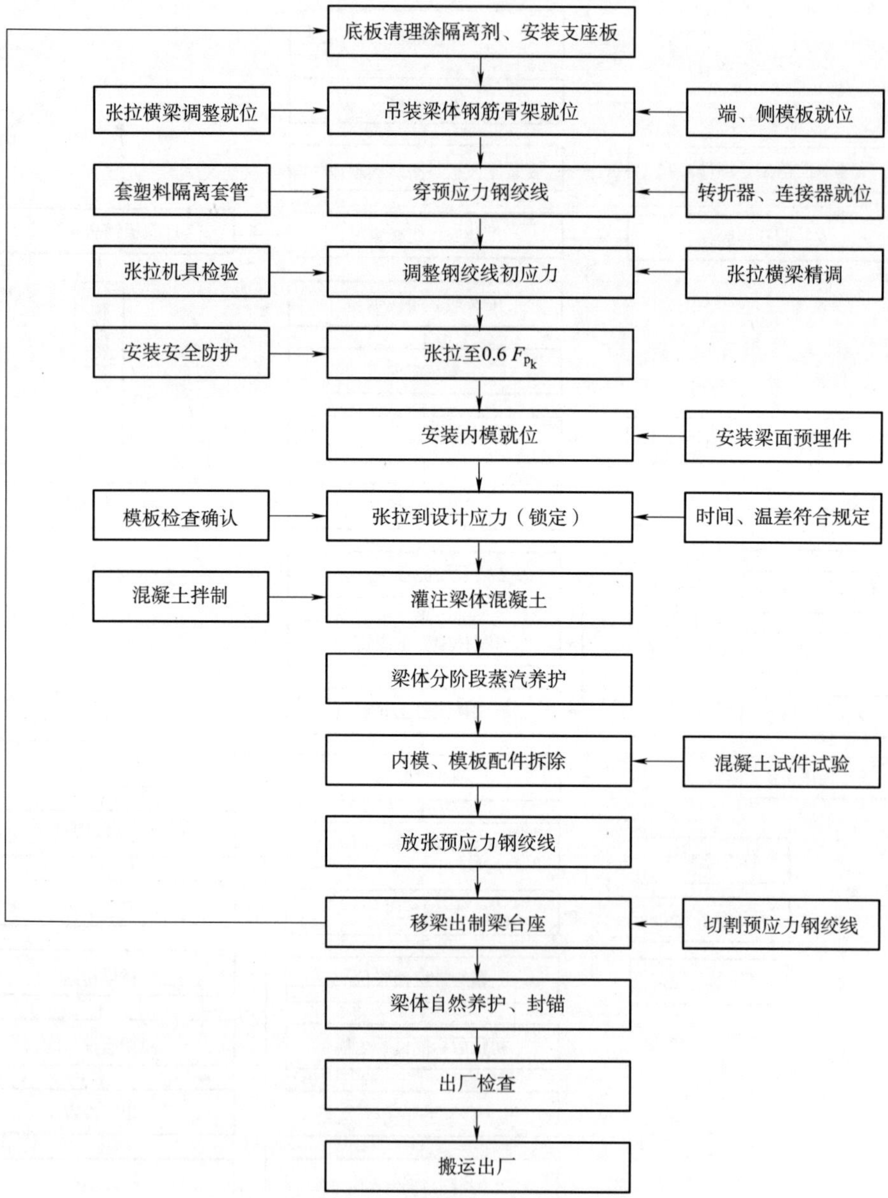

图 5-2　先张箱梁工艺流程

注：本工艺为整体式绑扎工艺。实际因采用工艺不同，而略有不同。

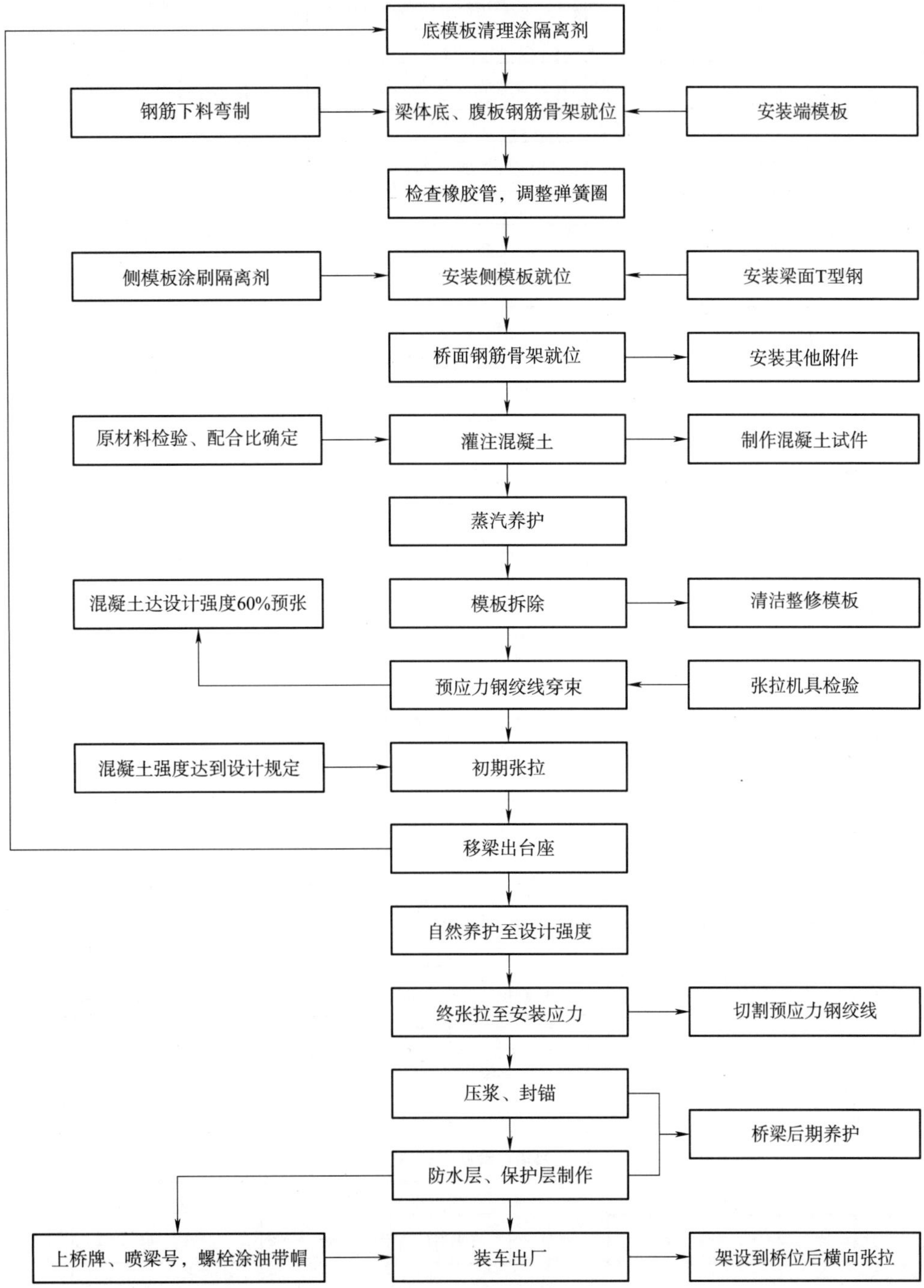

图 5-3　后张 T 梁工艺流程

注:实际因采用工艺不同,而略有不同。

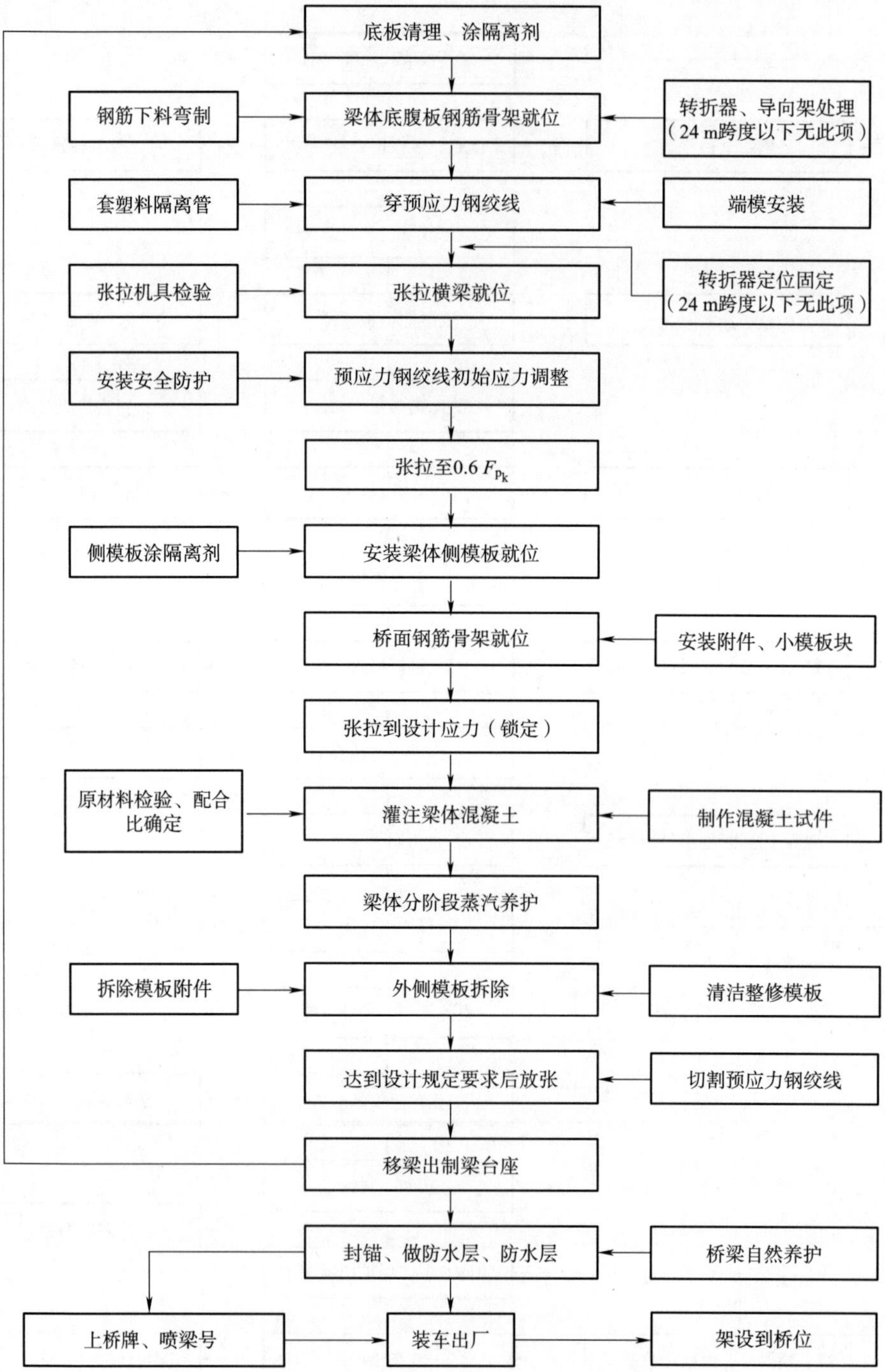

图 5-4　先张 T 梁工艺流程

注：实际因采用工艺不同，而略有不同。

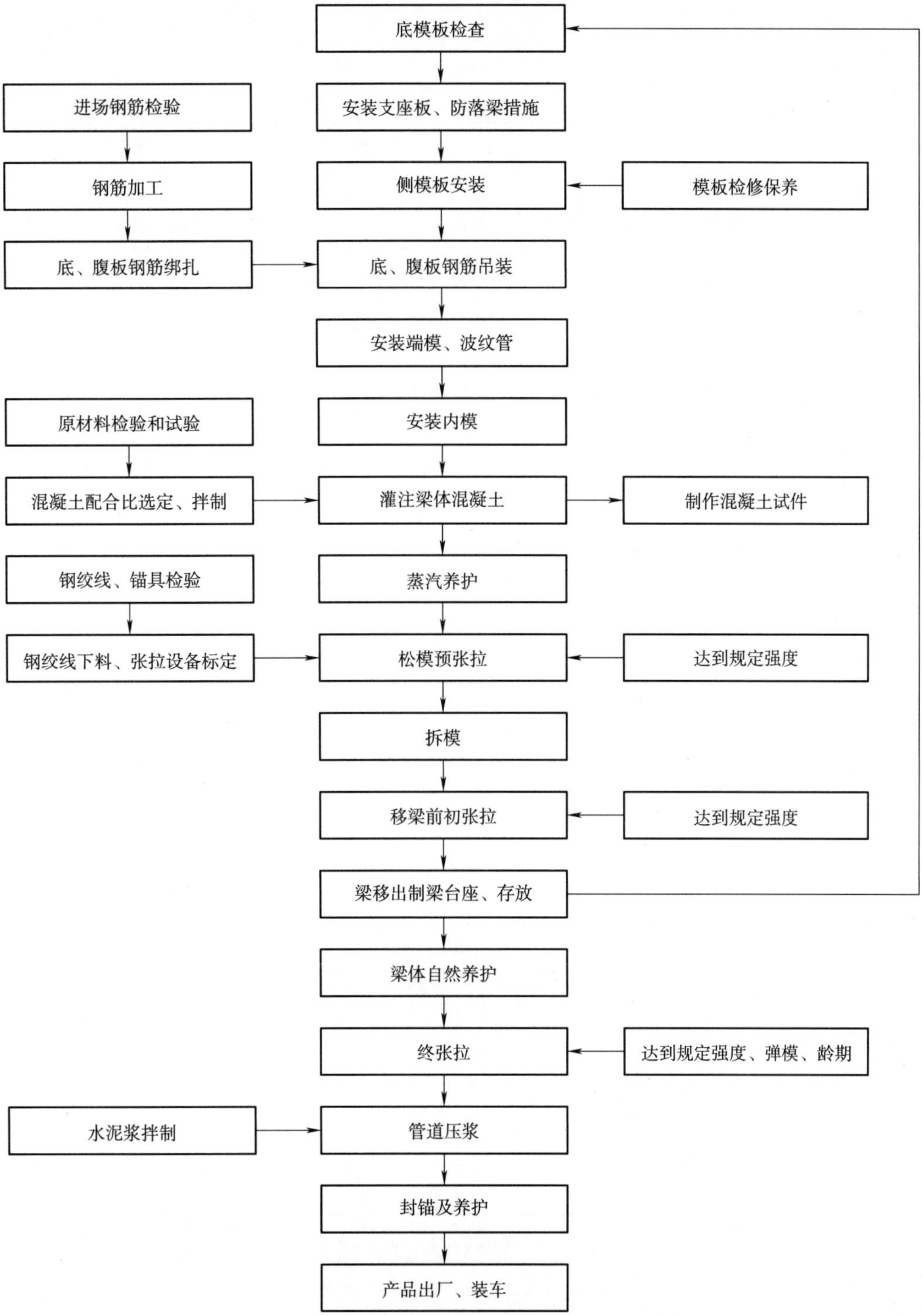

图 5-5　后张 U 梁工艺流程

注:实际因采用工艺不同,而略有不同。

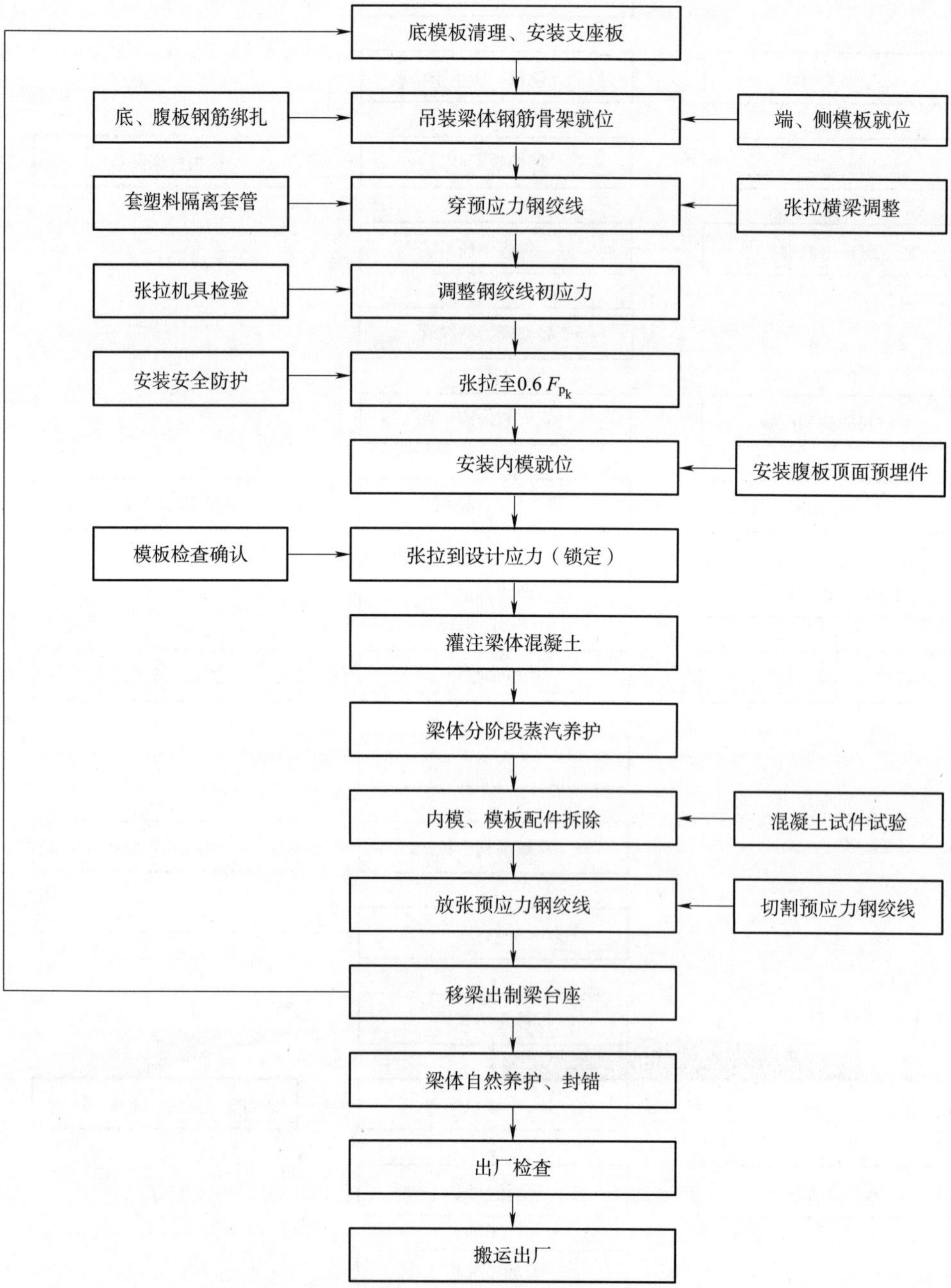

图 5-6　先张 U 梁工艺流程

注：实际因采用工艺不同，而略有不同。

图 5-7　焊制成型的箱梁定位网

图 5-8　绑扎成型后的预留管道

（三）钢筋绑扎

1. 箱梁钢筋分底、腹板钢筋和顶板钢筋两部分。绑扎工艺分为分体绑扎（图 5-9 和图 5-10）和整体绑扎（图 5-11 和图 5-12）两种方式。

图 5-9　箱梁底腹板钢筋绑扎

图 5-10　箱梁顶板钢筋吊装

图 5-11　箱梁钢筋整体绑扎

图 5-12　箱梁钢筋骨架整体吊装

2. 分体绑扎。钢筋按照设计图纸规格加工好后，分别在底、腹板，顶板钢筋绑扎胎卡具上绑扎成型。绑扎顶板部位钢筋时，特别注意吊点部位钢筋需要进行点焊加固，对应腹板处的顶板钢筋纵向拉筋暂时不要进行绑扎，待吊装就位后才能进行该部位的连接加固工作。

3. 整体绑扎。钢筋按照设计图纸规格加工好后，在专用胎具上底、腹板，顶板钢筋骨架一次绑扎成型，避免了分体绑扎时顶板钢筋与底腹板钢筋的对位安装的困难，钢筋定位及连接精度较高，现场一般采用此种方式。

4. 由于受梁型截面结构的影响，T 梁钢筋绑扎采用分体绑扎方式；U 梁钢筋绑扎采用整体绑扎方式。

5. 钢筋绑扎专用胎具利用角钢焊接而成，并按钢筋坐标预设卡口来对钢筋绑扎进行定位。

6. 后张梁预应力管道成型可采用抽拔胶管成孔或预留波纹管成孔。先张梁根据设计图纸要求在相应的部位采用 PVC 隔离套管。

7. 为了有效地保证梁体钢筋保护层厚度，改善梁体外观质量，应采用同设计厚度相同和与梁体等强度的混凝土垫块。绑扎垫块时，其位置必须相互错开，分散布置；间距以 500 mm 为宜，垫块距跨中距离最少保持 0.5 m；应绑扎在侧面和底面，至少为 4 个/m^2，绑扎垫块和钢筋的铁丝头不得伸入保护层内。

(四)质量控制要点

1. 钢筋施工中，严格按照技术要求进行操作，加工允许误差控制在规范范围内。

2. 绑扎成型的钢筋骨架必须确保保护层厚度、预留管道位置、隔离套管(长度)位置准确。

3. 绑扎成型的钢筋骨架必须注意各种预埋件位置的正确；混凝土垫块数量、保护层厚度准确；后张梁特别注意端部锚垫板部位素混凝土的厚度；先张梁注意预应力钢绞线表面油污的清洁、隔离套管的设置。

二、模板工程

(一)箱梁模板施工

1. 安装流程

根据采用不同的工艺、施工设备，现场施工流程略有不同，主要流程如图 5-13(分体式绑扎)。

2. 安装施工

(1)底模施工

1)箱梁采用固定钢底模。底模分段运输、逐段拼接，拼接时需注意保证各段的中心线对齐在同一直线上。严格按照预先设计反拱值进行底模调整。调整完成后，按照设计图纸要求，在底模板泄水孔、防落梁、预埋支座板相应的位置处预设定位孔及相应固定螺栓，确保预埋钢板预埋位置准确。

2)底模与侧模采取对接、侧模与端模采取端包侧的方式利用螺杆连接，结合部位嵌入橡胶条密封，底模横梁上设置横向螺纹拉杆，用以固定侧模。模板接缝处用胶条封闭，接缝处错台不得超过 2 mm。

(2)侧模板施工

1)侧模安装时，首先使侧模滑移到位，与底模板的相对位置对准，用螺旋千斤顶调整好侧模斜度，并与端模连接好。安装完成后，用螺栓连接稳固，调整其他紧固件后，检查整体模板的长、宽、高尺寸及不平整度等，并做好记录。不符合规定者，及时调整，侧模与底模接缝密贴且不漏浆。

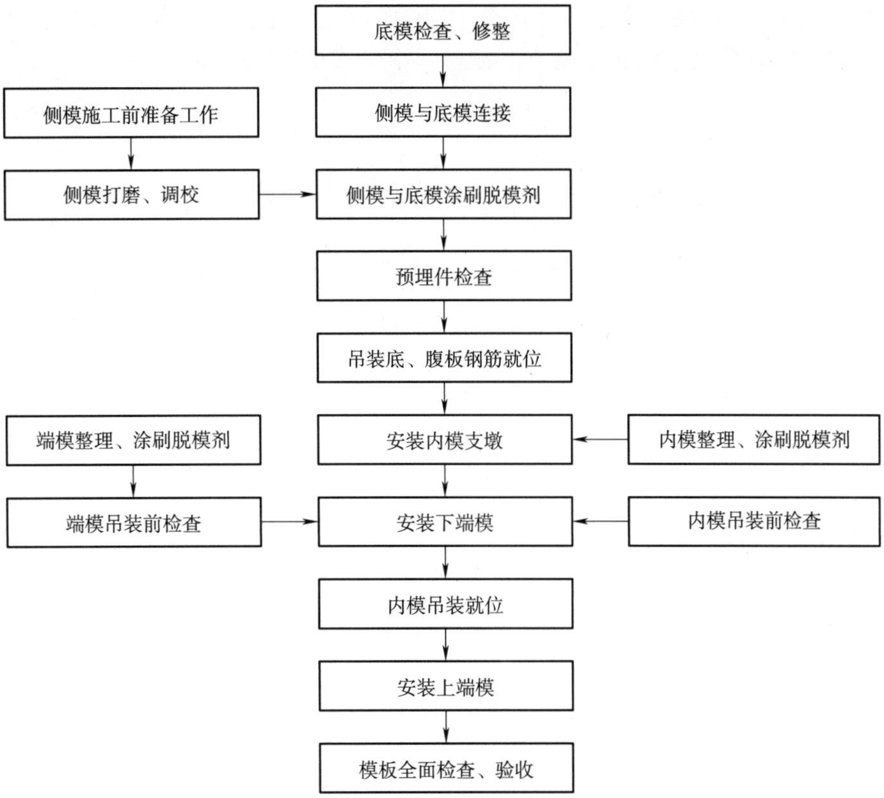

图 5-13　箱梁模板安装工艺流程

2)在制梁过程中根据架梁的顺序确定预埋件的安装，预埋件的安装严格按设计图纸施工，确保每孔梁上预埋件位置准确无误。

(3)内模施工

1)内模多采用“上支式结构形式”的模板结构。内模由顶模、侧模、角模、走行大梁，顶升立柱、施工撑杆和走行轮架等部分组成(图 5-14)。

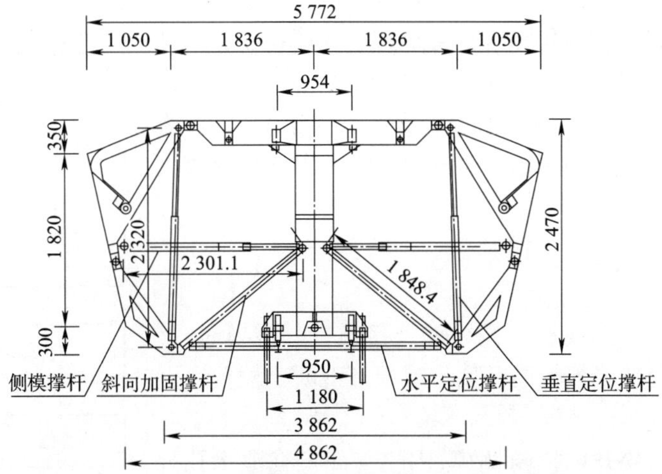

图 5-14　箱梁内模构造图(单位:mm)

2)内模结构应整体脱模、整体吊装方式;内模底板为不封闭结构;内模与底板、外侧模板均设连接螺杆,防止内模上浮,防止混凝土灌注过程中偏移移位(图 5-15)。

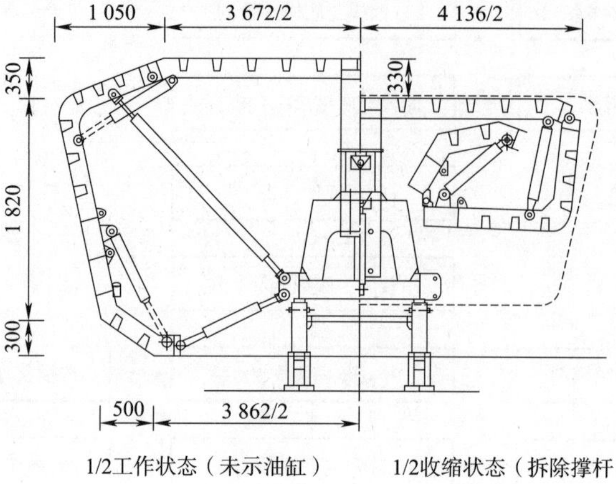

图 5-15 箱梁内模工作状态图(单位:mm)

3)内模支撑及连接应牢固,并确保在浇筑混凝土时无上浮现象,大梁与支撑整体采用压板形式,保证大梁与支撑连成整体,内模隔墙段与端模通过螺栓连成整体(连接孔采用长腰孔连接),保证了内模在使用过程中无侧移、上浮现象。竖向利用底板泄水孔支撑,内模支腿与底模的连接方式应考虑穿模工艺对内模支腿的整体性要求,防止内模在穿插过程中倾斜。

4)内模安装完后,检查各部位尺寸,整体拼装尺寸必须保证梁体的外形尺寸。

(4)端模施工

1)端模安装前,首先将锚垫板(后张梁)安装在端模上,并核对其规格、位置后紧固。

2)安装模板时,特别注意不要将橡胶管挤弯,重点检查橡胶管的坐标,保证其预留孔偏离设计位置不大于 3 mm。

3. 模板拆除

当梁体混凝土强度达到设计规定值时,梁体混凝土芯部与表面、箱内与箱外、表层与环境温差均不大于 15℃,且能保证梁体棱角完整时即可拆模。但当气温急剧变化时不得拆模。环境温度低于 0℃时,必须等待表层混凝土冷却至 5℃以下方可拆模,拆模完毕后应立即用篷布对梁体封闭,防止水分丧失过快。

(1)模板拆除流程如图 5-16 所示。

(2)端模拆除

拆除端模时,先卸掉端模与侧模的连接螺栓。拆模时,严禁重击或硬撬,避免造成模板局部变形或损坏混凝土棱角。

(3)内模拆除

1)拆除内模时,松开内模与侧模、内模与底模在泄水孔处的紧固连接件,再把内模内腔中的支撑螺杆全部松开,利用内

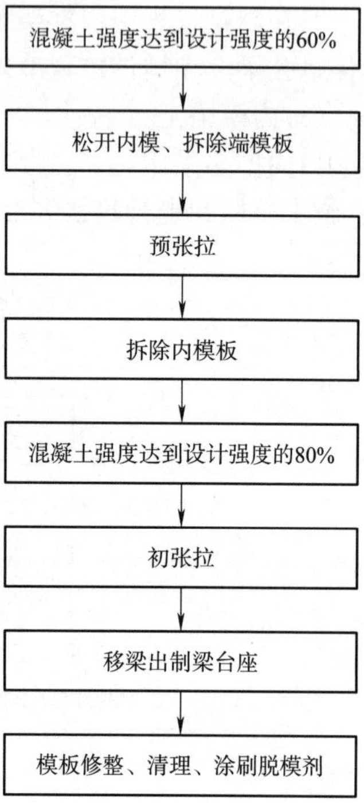

图 5-16 模板拆除流程

模的自动收缩系统把内模收缩到可移出状态。

2)采用 5 t 慢速卷扬机把内模拉出，用两台 40 t 龙门吊将内模吊移至存放区。拆除时须缓慢匀速进行，并有专人指挥，拉出后及时拆、卸滑道并清点各种配件，并对模板进行清理、检查以及涂油工作，然后张开到设计尺寸，以备下次使用。

(4)侧模拆除

侧模板有固定式和滑移式两种。滑移式侧模板拆除完成后，及时清除模板表面和接缝处的灰渣、杂物，并经打磨完成后均匀涂刷脱模剂通过专用滑道，滑移到另一个制梁台座。

4. 质量控制要点

(1)模板应具有足够的强度、刚度和稳定性，能保证梁体各部形状、尺寸及预埋件的位置准确。

(2)安装端模板前，注意检查锚垫板规格、型号是否正确，压浆预留孔眼是否向上并填塞，锚垫板是否与锚盆密贴。

(3)预张拉时，应松开内模和底模变坡段，并去掉所有预埋件连接螺丝，不应对梁体压缩造成障碍。

(二)T 梁模板施工

T 梁模板施工，目前多采用单扇或整体模板人工安装、拆除，龙门吊配合组拼工艺。该工艺繁琐、模板拼装质量难以控制；模板连接件多、工序占用时间长；模板接缝处存在漏浆、错台、飞边等质量通病；模板吊装存在较大安全隐患，严重制约生产能力。

液压整体式模板是 T 梁的发展方向和趋势，液压整体模板又分为固定式液压模板(图 5-17)和自行滑移式模板(图 5-18)两种。

图 5-17　固定式 T 梁液压模板

图 5-18　自行滑移式 T 梁液压模板

1. 安装流程

T 梁模板安装工艺流程如图 5-19 所示，根据采用不同的工艺、施工设备，现场流程略有不同。

2. 安装施工

(1)底模施工

1)T 梁底模采用固定钢底模，采用分块焊接拼装而成。按照预设反拱度进行抄平，反拱值按二次抛物线设置，模板顶面形成的二次抛物线应光滑圆顺；同时必须确保预制梁全长、跨度、

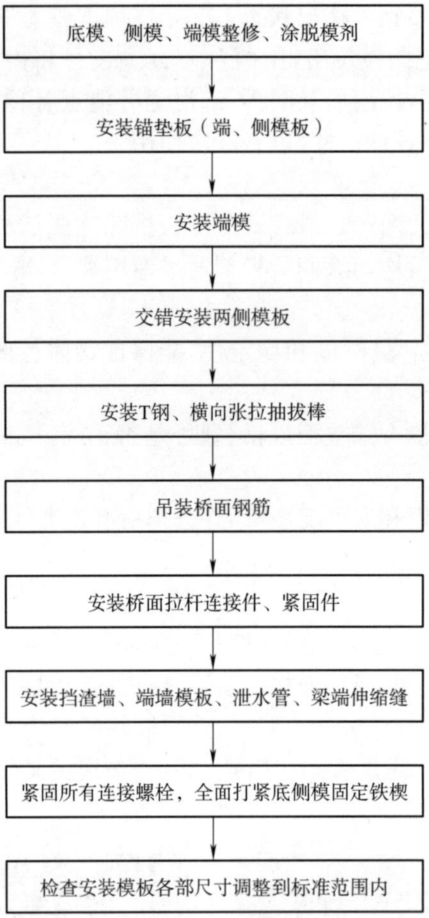

图 5-19　T 梁模板安装工艺流程

底板宽度等尺寸符合规定。

2)液压整体侧模板配套使用的底模板,为有效配合液压千斤顶驱动拆、装模板,在底模板下方设置侧模板横向滑道,用于控制侧模板横向移位。

(2)龙门吊吊装组拼侧模安装

1)用 10 t 龙门吊将侧模逐扇(或已拼装成大块整体)吊至安装位置后,在立模人员的指挥下缓慢落钩,模板落至扁担梁上,初上支撑;在一头用撬棍将模板撬到位,使模板对齐底模分节线;初上顶丝、安装上拉杆并上好顶丝后,再吊装同一侧相邻中扇侧模。

中扇模板到位后,同样在立模人员的指挥下扶住模板缓慢落钩,落至扁担梁上后用撬棍将模板初撬到位,再用弯头撬棍从隔墙连接丝杆孔眼处穿入,使前后两扇模板接缝在高度和水平方向一致,然后用千斤顶将两扇模板顶紧;接着上紧连接螺栓,上紧顶丝,以此方法逐扇吊装(图 5-20 和图 5-21)。

2)安装后面侧模板的同时,安装前面已安装好 T 梁连接角钢和横向连接孔活动模板。在安装连接角钢、连接螺栓过程中注意观察侧模板下口连接处是否紧密,如缝隙过大,应及时调整。

图 5-20　T 梁侧模板龙门吊拼装施工

图 5-21　T 梁侧模板拼装成型图

3)横向张拉锚垫板安装固定于边梁外侧模板，并将灌浆孔向上。定位板上定位标记与侧模板上定位标记重合。将隔墙处横向连接钢筋穿过定位板，露出定位板的钢筋数量必须准确，外露长度正确，保证钢筋间距均匀、顺直，用泡沫塞紧定位板与横向连接钢筋孔间隙，防止水泥浆沿横向连接钢筋流出。

4)内、外侧模板经检查、校正后，即可安装端边墙模板、泄水孔成孔模具、伸缩缝预埋件、挡渣墙断缝模具、T 型钢等预埋件。

(3)自行滑移式整体侧模施工

1)侧模安装时，首先使侧模板滑移到位，与底模板的相对位置对准。模板移运就位后，连接活动段可移动滑道将小车与底模板连接，通过水平顶推送模板到位，通过斜向千斤顶调整侧模板垂直度，水平顶、斜向顶可以同步工作，调整模板尺寸，三个步骤依次操作，通过油路控制系统，使得水平顶、斜向顶既可同时工作，也可以单独操作，有效的保证模板安装精度(图 5-22)。

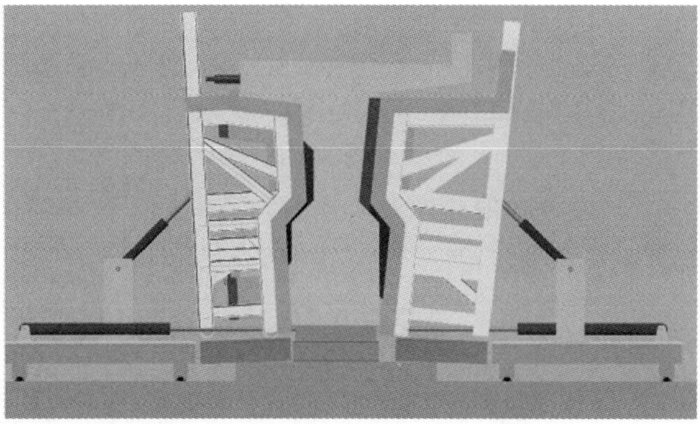

图 5-22　自行滑移式 T 梁液压模板安装图

2)安装侧模前，需要对移模小车进行定位和锁紧。首先移动移模小车就位，并微调小车的横向位置，连接小车与底模板间可移动滑道。其次连接模板与小车上的千斤顶，并设置机械撑杆，通过水平顶推移侧模板与底模板密贴，通过斜向顶调整模板倾斜度，相互交错作业，并通过地面设置的定位标志，将侧模板安装就位，达到设计要求。侧模安装符合要求后，通过底部竖向丝杠、底部拉杆、顶部拉杆进行最终定位加固。

(4)固定式液压整体侧模施工

1)液压模板与制梁台座按照 1∶1 配置,模板固定于制梁台座两侧,液压系统设置在底模底部,安、拆模时,液压系统推动底模下部的油缸,借相互的推力将两侧模板撑开,整体侧模板在下部的滑道上运行,仅能够横向水平移开(仅能实现 x 向移位),且千斤顶在制梁台座底部不能拆除,制梁过程中蒸汽养护、灌注等工序对设备损伤较大,更换频率高(图 5-23 和图 5-24)。

图 5-23　固定式 T 梁液压模板安装

图 5-24　固定式 T 梁液压模板

2)整体侧模板安装时,考虑到隔板、隔板预留钢筋对整体模板拆除的影响。设计隔板模板时,为了方便制梁完成后的脱模,增大隔板截面处内口和外口拔模斜度 50 mm,上口和下口留 20 mm 拔模斜度。隔板制作与加工,采用整体数控技术折弯成型,保证隔墙处面板拐角光滑过渡。对于预留钢筋伸出部位采用长腰眼布置,施工中采用塑料止水带防漏措施,防止漏浆现象发生,保证产品外观质量。

(5)端模施工

1)端模安装前,首先应检查锚垫板规格、位置。安装时,特别注意不要将预留制孔管(后张梁)挤弯,否则会造成端部有死弯;同时要注意锚垫板对位时,避免顶撞钢筋骨架,以免引起支座板移位。

2)端模板安装时要保证预留孔偏离设计位置不大于 3 mm,同时要满足水平角与竖直角的设计要求。

3. 模板拆除

(1)当梁体混凝土强度达到设计规定值,且能保证构件棱角完整,T 梁横向连接板根部、隔墙根部及梁面板腋部不开裂时方可拆模(用与梁体混凝土同等养护条件的试件强度确定拆模时间)。

(2)拆模时梁体芯部温度与表层混凝土、表层混凝土与环境温度差均应不大于 15℃,以防止梁体混凝土产生早期裂缝。气温急剧变化时不宜拆模。

(3)拆模顺序为:紧固件—端模—外侧模板—内侧模板。

(4)模板拆除流程如图 5-25 所示。

(5)端模拆除

首先拆除紧固件,然后在梁面和梁底面采用上顶、下拉的方式,将端模板用撬棍把模板与梁体拨离,并吊离梁体。

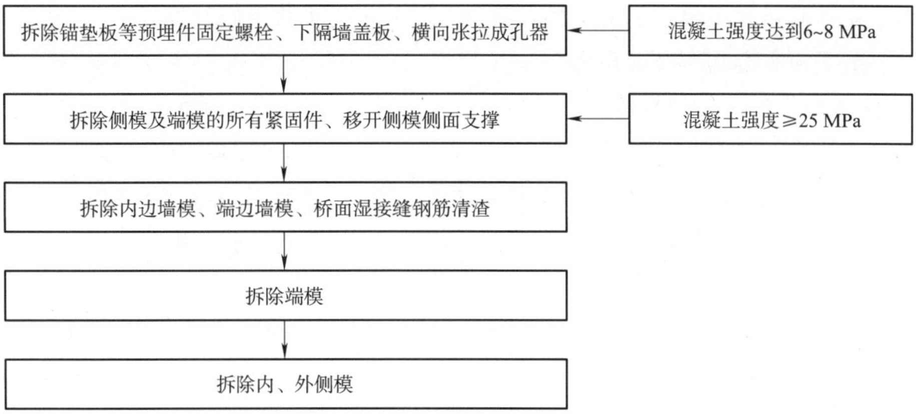

图 5-25　模板拆除工艺流程

(6)龙门吊配合侧模拆除

1)拆除紧固件后,模板在龙门吊吊装作用下,吊具并应保持有一定的力,松掉下所有连接受力件,使模板落在底模板的元宝垫(或横向扁担)上,在梁面采取千斤顶顶推、下部采用倒链拉动的方式,使得模板脱离梁体,在模板脱离梁体后,使用斜撑将模板完全拉离梁体。

2)千斤顶施顶时,加力应均匀、同步,防止模板变形。顶杆设置应尽量水平,防止模板顶裂梁面板。按指定位置吊装时,要细心平衡,当侧模腹板远离内外挡渣墙和预埋 T 钢后,才允许提升模型,防止撞弯、撞伤预埋 T 钢及梁体其他部位。

(7)自行滑移式整体侧模拆除

1)移模小车就位后,连接活动段可移动滑道将小车与底模板连接(此时活动段应低于 2 cm左右,便于侧模落位),松开模板连接件,通过顶部千斤顶顶开侧模板,然后通过长行程水平顶、斜向顶将模板脱离梁体(图 5-26)。

2)拆除侧模前,移动移模小车到相应台座,并微调小车的横向位置。就位后对移模小车进行定位和锁紧。首先连接小车与底模板间可移动滑道,其次拆除侧模连接件,底部丝杠等,仅留部分底部、顶部拉杆,并连接千斤顶与侧模板。然后用桥面千斤顶顶开侧模,先水平千斤顶、后斜向千斤顶作业,将侧模板脱离梁体。移运模板上移模小车,并设置机械撑杆,模板就位后,进行加固。最后拆除活动段可移动滑道、小车固定装置,小车移位(图 5-27)。

图 5-26　滑移式 T 梁液压模板拆除

图 5-27　滑移式 T 梁液压模板移位

3)为保证移模过程中模板的安全性,移模时必须设置辅助机械斜撑,防止侧模倾覆,斜撑上支点应超出侧模重心高度 2/3 以上。

(8)固定式液压整体侧模拆除

1)拆除侧模前,首先清理滑道上的杂物,其次拆除侧模连接件,梁底、梁顶部连接螺杆等。梁面用液压千斤顶顶开、梁底通过预设的长行程千斤顶,分别作用将相对的侧模板推离梁体,千斤顶下拉、上推同步作用,将模板与梁体彻底脱离,通过搬梁机将梁体移动到指定位置。

2)千斤顶施顶时,加力应均匀、同步,防止模板变形。顶杆设置应尽量水平,防止模板顶裂桥面板。施工中必须注意横隔板连接预埋钢筋、预埋 T 钢、横向张拉孔、桥面预埋钢筋,只有当这些部件与模板彻底脱离连接后,方可开始拆模作业。

4. 质量控制要点

(1)模板应具有足够的强度、刚度和稳定性,能保证梁体各部形状、尺寸及预埋件位置准确。

(2)安装端模板前,后张梁要特别注意检查锚垫板规格、型号是否正确,压浆预留孔眼是否向上并填塞,锚垫板是否与锚盆密贴。先张梁要注意检查预应力钢筋和端模板之间的间隙,避免密贴造成模板上翘和预应力损失增大,同时要检查隔离套管位置是否正确,并应做好防漏浆工作。

(3)液压整体模板作业时,在侧模安装、拆除前必须进行准确的定位,并应严格按照操作规程进行作业,确保模板安装质量及施工安全。

(三)U 梁模板施工

U 梁是一种梁板空间组合预应力结构,属于下承式桥梁。它由行车道床板、主梁及端横梁等部分组成。U 形梁最大的特点是有效降低和控制桥梁建筑高度,其建筑高度主要取决于行车道板的横向跨度,当纵向跨度越大时,建筑高度的降低效果越明显。

当梁下净空受到限制时,U 梁可充分发挥结构优势。在结构受力上,U 形梁属开口薄壁构件,具有受扭性能差、桥面板弯矩受纵梁扭转刚度影响较大、纵梁腹板下端承受垂直方向拉力影响较大等特点(图 5-28)。

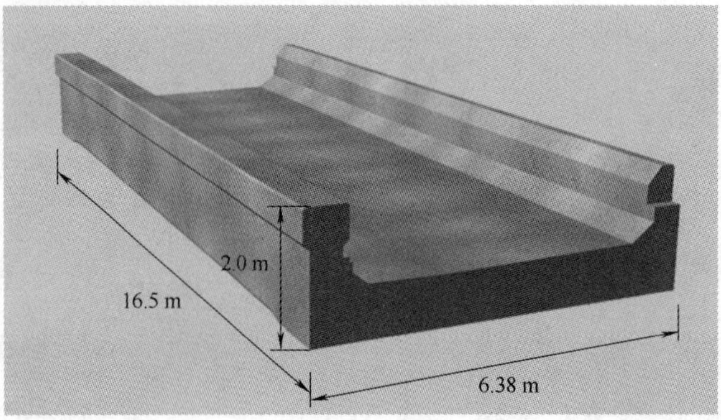

图 5-28　U 梁截面构造图

1. 安装工艺

U 梁模板安装工艺流程如图 5-29 所示，根据采用不同的工艺、施工设备，现场施工流程略有不同。

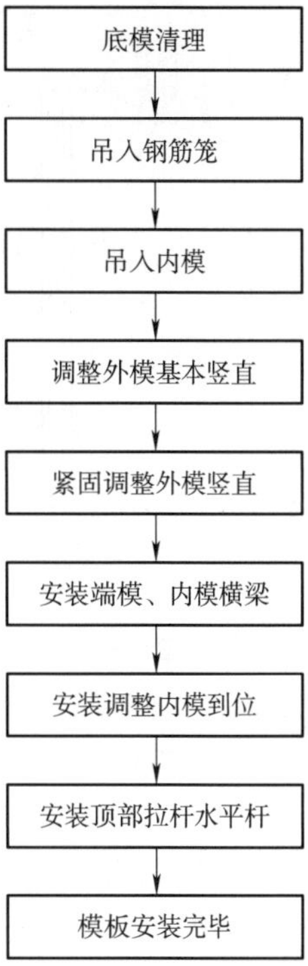

图 5-29　U 梁模板安装工艺流程

2. 安装施工

(1)底模施工

1)U 梁底模采用固定钢底模。底模分为三段，两端为支座段，中间为梁身段。为保证 U 梁质量，在底模板设置泄水孔、预埋支座板定位及固定螺栓相应位置处，预设定位孔，确保预埋件位置准确。

2)底模面板接缝处必须进行打磨处理，并应与侧模板连接牢固，根据不同梁体规格设置预留压缩量、反拱。

(2)侧模施工

1)侧模采用分块制作，焊接连成整体使用，并应与底模对应配套使用。模板分为标准段和可调节段。分块模板间用螺栓连接，对于非标准梁长，则应在梁身段设置相应的变化段，每段之间法兰连接，且应做到相互通配。

2)外侧模板安装就位后，通过机械撑杆与地面连接牢固，并应确保在灌注及安装内侧模过程不至于移位和变形。在外侧模顶部设置用于定位固定连接内侧模的横梁，该横梁除与侧模立柱固定外，尚应起到固定内侧模的作用(图 5-30)。

图 5-30　U 梁模板构造图

(3)端模施工

1)U 梁采用端包侧方式。端模施工前，首先将锚垫板(后张梁)安装在端模上，并对其规格、位置检查确认无误后紧固。安装模板时注意预留孔道的橡胶管、弹簧圈、内外侧腹板位置是否正确。

2)端模就位后，检查内、外侧模板尺寸、保护层厚度，并对 U 梁内腔尺寸确认后，加固内、外侧模连接横梁，将 U 梁底板上部、U 梁上口、内侧模板垂直度进行调整(图 5-31)。

3. 模板拆除

(1)当梁体混凝土强度达到设计规定值时，梁体混凝土芯部与表面、表层与环境温差均不大于 15℃，且能保证梁体棱角完整时即可拆模。

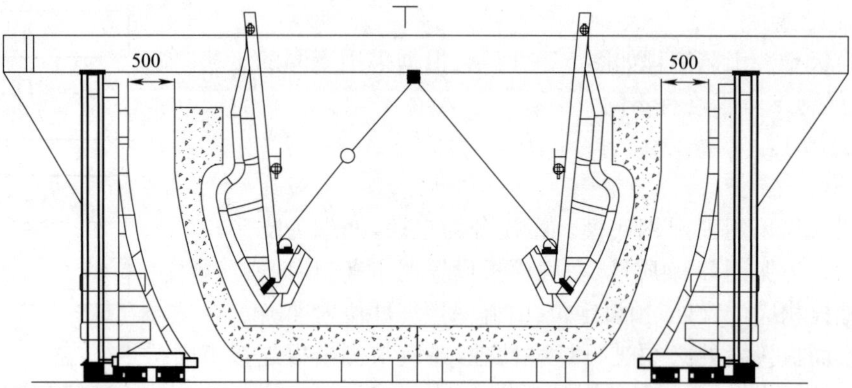

图 5-31　U 梁模板安装图(单位:mm)

(2)模板拆除顺序:拆除顶部拉杆—拆除内模水平杆—收紧内模斜撑杆至内模面板脱离混凝土面—拆除斜撑杆—移动(收缩)内模—内模吊离—收紧外模斜撑使外模与混凝土脱离—养护混凝土至放张强度(后张梁为初张强度)—放松梁体底部螺栓—放张(后张梁无此项)—拆除端模。

4. 质量控制要点

(1)内、外侧模板在组装过程中,必须设置防倾覆设施。模板组装完毕后,应对其平面位置、顶部标高、节点联系及纵、横向稳定性进行检查,签认后方可浇筑混凝土。浇筑时,发现模板有超过允许偏差变形值的可能时,应及时纠正。

(2)内侧模板一般在浇混凝土时上浮现象比较严重,为防止整体模板上浮,采取与外侧模板连接牢固措施,并应设置防倾斜装置。

(3)为保证 U 梁腹板顶面质量,内、外侧模板间连接横梁处混凝土应加强振捣、抹面工作。内、外侧模板垂直度必须及时检查,确保符合要求。

三、混凝土工程

(一)工艺流程

混凝土浇筑工艺流程如图 5-32 所示。

(二)混凝土拌制

1. 混凝土采用计算机控制,强制式搅拌机组成的拌和站集中拌制。施工前应对混凝土配合比、施工工艺、施工机具进行适应性检验,并进行拌和工艺试验和混凝土匀质性测试。

2. 各种原材料计量设备的最大允许误差(按重量计):胶凝材料(水泥、矿物掺和料)±1%;外加剂±1%;粗、细骨料±2%;拌和用水±1%。

3. 搅拌时的投料顺序:先投入骨料、水泥和矿物掺合料,搅拌均匀后,加水和液体外加剂(粉体外加剂应与矿物掺合料同时加入),直至搅拌均匀为止。水泥的入机温度不应高于 70℃。

4. 搅拌时间应以自全部材料装入搅拌机开始搅拌至搅拌结束开始卸料所用时计,混凝土连续搅拌时间应根据配合比和搅拌设备情况通过试验确定,但最短搅拌时间不宜少于 3 min。

5. 搅拌好的混凝土出机前,不得投入新料,混凝土出机后不得任意加水,以确保混凝土的和易性、黏聚性、保水性和流动性满足泵送要求。

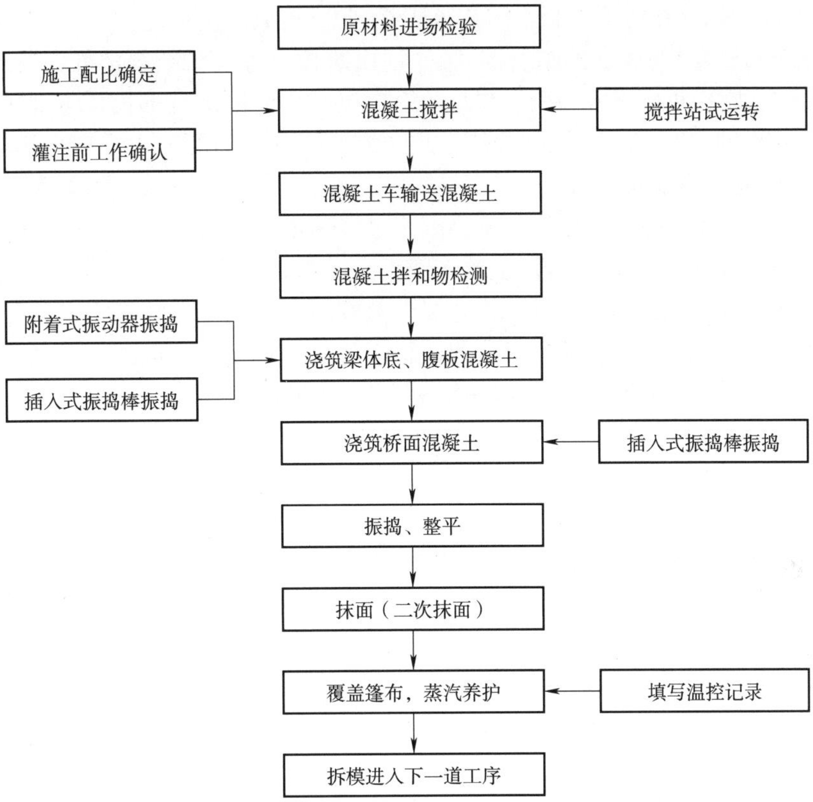

图 5-32　混凝土浇筑工艺流程

6. 混凝土拌制速度应和灌注速度密切配合，拌制服从灌注，以免灌注工作因故停顿而使机内储存混凝土。混凝土坍落度控制在 160～200 mm，坍落度扩展值控制在 500～600 mm；含气量控制在 2%～4%，且混凝土不允许出现泌水。

7. 冬季搅拌混凝土前，应先经过热工计算，并经试验确定水和骨料需要预热的最高温度，以保证混凝土入模温度满足要求。优先采用加热水的预热方法调整拌和物的温度，但是水的加热温度不超过 80℃。当加热水还不能满足要求或骨料中含有冰、雪等杂物时，也可先将骨料均匀的进行加热，加热温度小于 80℃。外加剂在使用前存放于暖棚进行自然加热，但是不得直接加热。

8. 炎热季节搅拌混凝土时，采取措施控制水泥进入搅拌机温度小于 40℃。采取在骨料堆场搭设遮阳棚、在蓄水池加设冷水机组的方式降低混凝土骨料及拌和用水温度的措施降低混凝土拌和物温度，或尽可能在傍晚和晚上搅拌混凝土，以保证混凝土出机温度控制在 10～30℃。

（三）箱梁混凝土灌注

1. 箱梁混凝土采用泵送工艺。灌注原则为“先底、腹板后顶板；水平分层、斜向分段，由一端向另一端进行连续灌注的方法”。

2. 2 台布料机分别位于制梁台座两侧，对称布料、连续灌注，以水平分层（灌注厚度控制在 300 mm）斜向分段（长度控制在 3～4 m）、连续灌注（滞留时限 1 h、间断时限 2 h）、一次完成（浇筑总时限 6 h）的工艺，左右对称灌注。

3. 灌注时，布料机应保证布料准确、均匀，布料时严格控制混凝土自由降落高度不大于

2 m，尽量使混凝土先落在桥面斜板上再进入腹板，防止混凝土离析。

4. 先分层浇筑腹板与底板的结合部，第一层由腹板位置浇筑结合部处混凝土，此时混凝土流淌至底板，应控制底板流入混凝土数量。第二层厚度应以结合部模板全部填满至结合部以上 500 mm，以确保结合部的混凝土密实，此时流淌至底板的混凝土不得再用振捣棒振捣，以免造成腹板混凝土坍塌成孔洞。

第二层浇筑时应注意防止翻浆过多，当翻浆过多时，应采用在底板中部加设压板或暂停浇筑以减小混凝土的流动度。此时分层浇筑至腹板高度 1.5 m 左右（此时腹板混凝土不再向底板流动）后，底板部分的混凝土可以摊平，底板中部的混凝土用振动棒振捣密实。混凝土摊平后，不足部分将布料管从内模顶部预留孔伸入箱内补充底板不足的混凝土。底板浇筑完成后分层浇筑腹板至顶板，再浇筑顶板、翼缘板混凝土（图 5-33）。

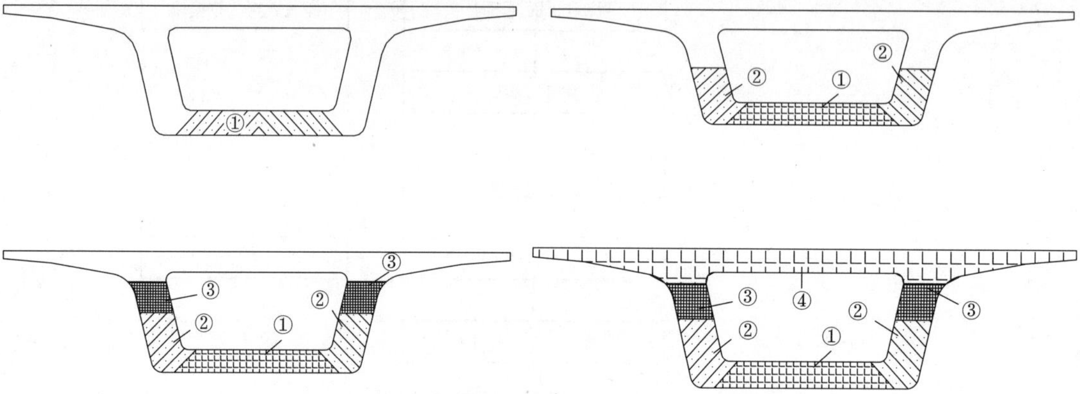

图 5-33　箱梁混凝土灌注顺序图（图中序号为灌注顺序）

5. 浇筑从一端开始到另一端结束，其坡度不宜过大，坡度过大时，易造成水泥浆流失。由于水泥浆集中到低处，容易造成该位置翻浆。

6. 浇筑腹板混凝土时对称均匀，以防两侧混凝土高差大造成内模偏移，同时每层混凝土浇筑不能过厚而造成气泡不易排出，从而形成内箱侧面气孔较多。而为了保证混凝土密实须延长振捣时间、这样容易造成过振形成色差。同时浇筑过厚延长了上下层浇筑的间隔时间易造成明显接缝形成冷缝，这种情况在气温较高的情况下尤其严重。因此必须严格控制浇筑厚度提高浇筑速度。

7. 箱梁为斜腹板构造腹板较宽，如不注意混凝土浇筑及振捣上浮力过大、容易造成内模上浮。上浮一般发生在浇筑第二层腹板混凝土时。此时第一层混凝土坍落度损失很大或已基本初凝，模板上浮后底板及下腹板形成空隙，上部继续振捣使水泥浆顺着模板流下粘附在下层表面形成麻面，严重时下梗肋处的腹板因水泥浆流失形成麻面、石子堆垒或孔洞。当混凝土浇筑速度快、振捣部位多时此种情况尤为严重。因此应将内模与底模进行拉结，拉接部位在内模滑移轨道支轮架处。

8. 混凝土振捣：

（1）浇筑底、腹板混凝土时以振捣棒振捣为主，附着式振动器为辅；浇筑梁端腹板钢筋密集区的底板混凝土以及腹板混凝土时，开启腹板附着式振动器振动，边铺边振，严禁空载振动，侧振延续时间由现场负责灌注人员掌握并统一指挥。待浇筑的混凝土不再下沉，表面泛浆并无大量气泡溢出时即可停止振动。原则上，下部先浇筑的混凝土振动时间不能过长，开机时间控制在5～8 s之间，以免其受上部浇筑层混凝土余振的影响发生离析现象，并防止底板混凝土翻浆。当坍落度较小时须保证足够的振捣时间，振捣棒插入下层的深度为10 cm，以确保混凝土密实。

(2)采用插入式振捣器振捣混凝土时，采用垂直点振捣方式，若需变动振动棒在混凝土中水平的位置，先竖向缓慢将振动棒拔出，然后将振动棒移到新的位置，不得将振动棒放在拌和物内平拖，也不得用振动棒驱赶堆积的混凝土。振动器的操作，要做到"快插慢拔"。快插是为了防止先将表面混凝土振实而与下面混凝土发生分层、离析现象；慢拔是为了使混凝土能填满振动棒抽出时所造成的空洞，使混凝土空气能及时排出。在振捣过程中，将振动棒上下略微抽动，以使上下振捣均匀。

(3)振捣上一层时，在振动棒划线作为标记，插入下层混凝土中10 cm，以消除两层之间的接缝。同时在振捣上层混凝土时，要在下层混凝土初凝前进行。每一插点要掌握好振捣时间，过短不易捣实，过长可能引起混凝土产生离析现象。一般每点振捣时间为20～30 s，视混凝土表面呈水平不再显著下沉，不再出现大气泡，表面出现泛浆为度。

(4)操作插入式振动器时快插慢拔，振捣器插点要均匀排列，振动器的移动距离能覆盖已振部分的边沿。振捣腹板混凝土时，每次移动位置的距离，不大于振动棒作用半径的1.5倍，振动棒移动距离以20 cm左右为宜，可根据梁面上层钢筋间距来控制振捣棒距离。振动时振动棒上下略为抽动。振捣桥面板混凝土时，振动棒插点可采用"行列式"的次序移动，以免发生漏振及重复振捣。

(5)振动棒使用时，不能紧靠模板振动，与侧模板保持5～8 cm距离，且避免碰撞钢筋、胶管及预埋件等。同时插入式振捣棒在浇筑桥面板时，严禁触碰模板，避免振捣棒触碰模板而出现点状色差。

(四)T梁混凝土灌注

1. T梁混凝土采用一次性连续浇筑成形，每片梁浇筑时间不宜超过3.5h。灌注原则为"斜向分段、水平分层、纵向分段分层的浇筑方法"。

2. 灌注时，从梁的一端向另一端进行，工艺斜度为30°～45°，纵向分段长度控制在8 m，水平分层厚度不得大于30 cm(图5-34)。

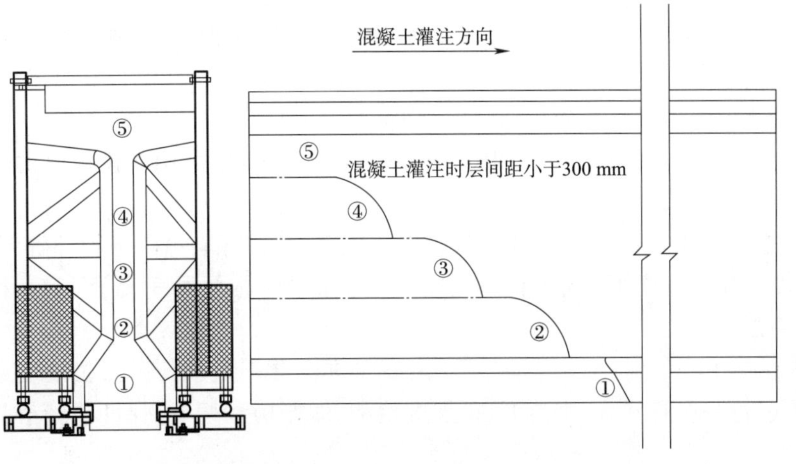

图5-34　T梁混凝土灌注顺序图

3. T梁面板混凝土浇筑完毕后，采用梁面混凝土振动抹平机进行桥面基层振捣、抹平。并应在混凝土表面进行第二次收浆抹面，以防裂纹和不平整，梁面一经收浆抹面，初凝前不得踩踏。

4. 混凝土振捣

(1)混凝土采用附着式振动器为主，插入式振动棒为辅的工艺。下翼缘和腹板混凝土先采用附着式振动器振捣，待腹板混凝土浇筑超过顶部预应力管道(后张梁)时，采用插入式振动棒振捣。插入式振动棒振捣时应避免碰撞模板、钢筋及预应力管道(先张梁为预应力钢绞线)。

(2)插入式振捣棒振捣时，应采用垂直点振方式，若需变换振捣棒在混凝土拌和物中的水平位置，应首先竖向缓慢将振捣棒拔出，然后再将振捣棒移至新的位置，不得将振捣棒放在拌和物内平拖，也不得用插入式振捣棒平拖驱赶下料口处堆积的混凝土拌和物。

(3)混凝土振捣时间，应以表面没有气泡逸出和混凝土面不再下沉为宜。插入式振捣棒振捣时应快插慢拔，振捣时间控制在 30 s，振动棒插入深度以进入前次浇筑混凝土面层下 5～10 cm 为宜。附着式振动器振动时间控制在 20～30 s 为宜，在腹板浇筑高度完成一半时开启下层附着式振动器，在腹板浇筑完成后开启上层附着式振动器，必须等插入式振捣棒振捣初振、复振、补振全部完成后开动进行。

(五)U 梁混凝土灌注

U 梁混凝土采用泵送混凝土工艺，一次性连续浇筑成形。灌注原则为“先底腹板结合部位，然后底板，最后腹板补齐；水平分层、斜向分段，由一端向另一端连续灌注的方法”。

(六)混凝土养护

养护分为蒸汽养护和自然养护两种方式。

1. 蒸汽养护。一般采用计算机无线测温系统，梁体浇筑结束后 2～4 h 开始对梁体混凝土测温，每小时记录一次温度，测温时间一般为 2 d(当梁体混凝土芯部温度与表层、表层与当天环境温度最低温差小于 15℃时可停止测温)。蒸汽养护分为静停、升温、恒温、降温四个阶段。

2. 平均气温高于 5℃时，可对梁体进行自然养护。自然养护可采用喷涂养护剂或覆盖洒水保湿进行，使混凝土在一定时间内保持水泥水化作用所需要的适当温度和湿度。

(七)质量控制要点

1. 混凝土拌和物入模温度控制在 10～30℃，泵送时混凝土坍落度应控制在 160～200 mm(应根据实际情况综合确定)，含气量应控制在 3%～4%；模板温度控制在 5～35℃。为了保证混凝土的入模温度及模板温度，在浇筑混凝土时用温度计或红外测温仪，对模板温度不少于每 1 个小时进行测温一次，如果模板温度高于 35℃，则采用在模板侧面进行浇水降温的方式。

2. 梁体混凝土灌注完毕后，应随时收集混凝土表面与芯部、箱内与箱外等温度参数，确保梁体芯部温度不超过 60℃，最高不得不大于 65℃，当梁体芯部温度大于 55℃时，应立即对腹板洒水进行降温。

3. 梁体混凝土浇筑时，对前三盘混凝土逐盘进行含气量、坍落度、扩展度检测。在浇筑 30 m^3之后再进行一次含气量、坍落度、扩展度检测，做好检测记录，保证混凝土拌和物施工性能满足要求。

4. 自然养护时，当环境相对湿度小于 60%时，自然养护不少于 14d；相对湿度在 60%以上时，自然养护不少于7 d。对梁体进行自然养护时，应对随梁养护的混凝土试件进行养护，使试件与梁体混凝土强度同步增长，用于控制施工进度。

四、预应力施工

（一）预制简支梁分后张梁、先张梁，对应的预应力施工可分为后张法和先张法。

（二）后张法是先浇筑混凝土并预留孔道，待混凝土达到一定强度后张拉预应力钢筋，预应力靠锚具传递给混凝土。

（三）先张法是先张拉预应力钢筋，后浇筑混凝土，预应力通过预应力钢筋与混凝土之间粘结力传递给混凝土。

（四）后张梁张拉工艺流程如图5-35所示。

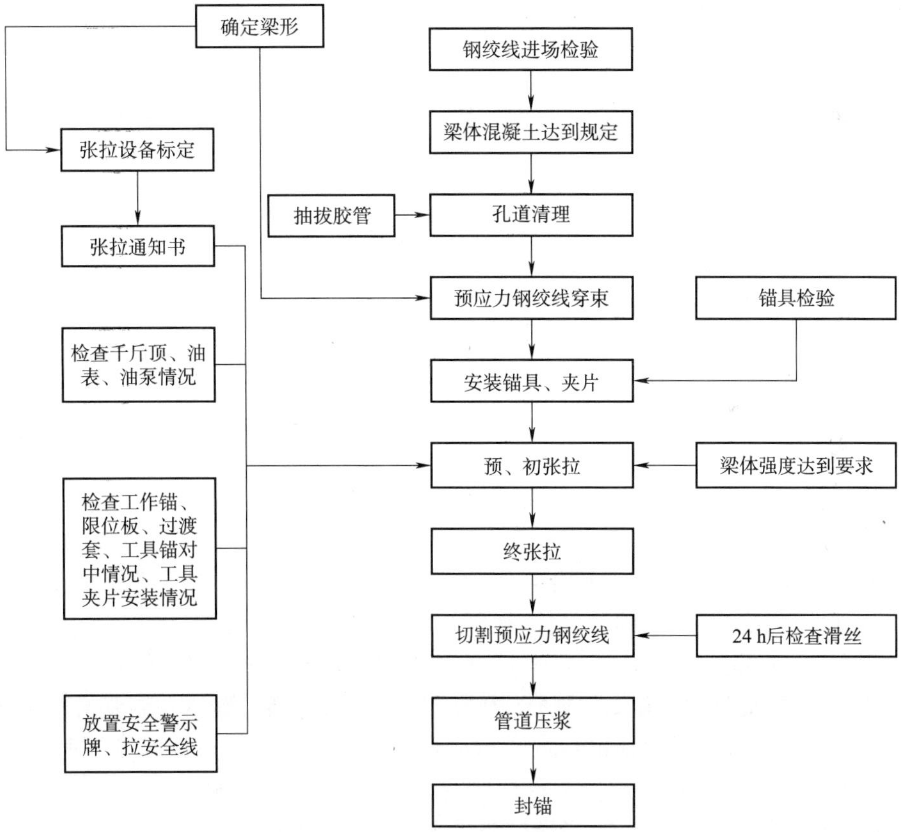

图5-35　后张梁张拉工艺流程

（五）先张梁张拉工艺流程如图5-36所示。

（六）预应力摩阻试验

预制梁在试生产期间，终张拉前需对两片梁体进行预应力摩阻损失试验。后张梁测算管道摩阻、喇叭口摩阻、夹片回缩（先张梁测算张拉杆连接器、夹片回缩、张拉横梁变形量、预应力偏离设计位置），确定预应力损失，然后由设计单位对张拉控制应力进行调整，正常生产后每100孔进行一次预应力损失摩阻试验。根据摩阻损失测试报告测定的管道偏差系数k、管道摩擦系数μ、锚口＋喇叭口摩阻损失（先张梁测定的各种变形引起的应力损失）取值以及设计单

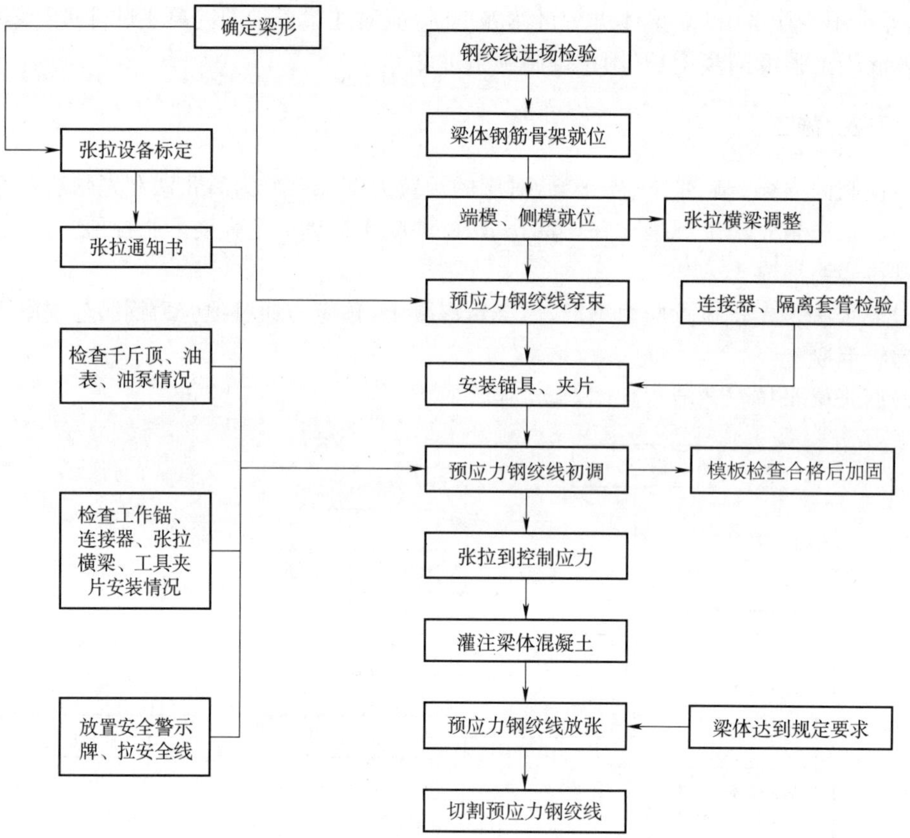

图 5-36　先张梁张拉工艺流程

位调整后的张拉控制应力计算张拉伸长值及最终预应力施加值。

（七）后张梁预应力施工

1. 根据设计规定进行。目前多数梁场，为避免梁体因为温差、自重等因素而产生的早期隐蔽裂纹，采取了三阶段张拉，即预张拉、初张拉、终张拉。

2. 预张拉，主要是为防止梁体出现早期裂缝。张拉时应松开模板，使得模板与梁体有一定的间隙，避免因模板阻碍作用，造成人为裂纹现象。预张拉后，梁体在制梁台座上继续养护设计规定强度后，即可进行初张拉作业。

3. 初张拉主要是为将梁体移出制梁台座，移到存梁区，加速制梁台座周转。梁体在存梁区养护达到设计规定的龄期、强度、弹性模量等指标后，即可进行终张拉作业。

4. 终张拉是指梁体达到设计要求后，将设计预加应力值全部施加在梁体上，梁体张拉完成后完全满足正常使用时的受力状态。

5. 预应力张拉采用两端同步、左右对称（箱梁、U 梁）的方法。张拉顺序按照设计图纸要求进行。张拉以油表读数为主，伸长值进行校核。当伸长值超过±6%时，停止张拉，待查明原因后方可继续张拉。

6. 为确保预加应力值准确，张拉过程中采取“三控”措施，即应力、伸长值、持荷时间三项参数控制，并要求张拉过程中尽量保持两端的伸长量基本一致，用于确保张拉质量。

7. 张拉程序：

(1)张拉前,施工用预应力筋、锚具、夹片、张拉油泵、千斤顶、油表等张拉设备、材料必须检验合格,且张拉油泵、油表、千斤顶必须配套校验,符合要求后方可使用。

(2)张拉前应对拟张拉梁体的混凝土强度、弹性模量、龄期、质量缺陷等进行检查,符合要求后方可作业。

(3)取得相关技术部门出具的张拉通知单,操作人员、张拉设备、安全防护措施到位后方可作业。

(4)工艺流程:0—$0.2\sigma_{终}$(作伸长值标记、测千斤顶油缸伸长量、测工具锚夹片外露量)—$\sigma_{终}$(测千斤顶油缸外露量、测工具锚夹片外露量、持荷 5 min、计算钢绞线伸长值与理论伸长值比较)保持压力—回油到 0—锚固。

(八)先张梁预应力施工

先张梁具有耐久性好、制造周期短、节省材料、工序简洁等优点,但由于受工艺等因素的限制,一直没有在大跨度和大吨位简支梁中应用。铁路 20 m 及以下跨度先张简支梁预应力筋均采用直线布置。当跨度增大时,根据结构受力性能,预应力筋需采用折线布置,目前铁路 24 m 折线先张 T 梁已在青藏铁路有过成功的应用,32 m 折线先张箱形试验梁在合宁(时速 250 km)客运专线已成功预制。

1. 先张梁生产有长线台座法(图 5-37)和单台座法(图 5-38)。长线台座法适用于跨度小于 20 m 的简支梁;单台座法适用于跨度大于 20 m(不含 20 m)的简支梁及工艺新颖不宜采用长线台座法生产的先张梁。

图 5-37　先张梁长线法生产台座

图 5-38　先张梁单台座法生产台座

2. 先张法制梁台座上,采用特制的张拉横梁、张拉(放张)设备、预应力筋锚具及连接器等,对分布在梁体内的预应力筋,按照“单根初调、整体终拉”工艺进行预应力筋张拉作业。

当预应力筋张拉到设计应力值后,及时浇筑梁体混凝土(一般控制在 2 h 内)。

当梁体混凝土强度、弹性模量、龄期均达到设计要求时,一般采用“两端整体放张”的工艺,放松预应力筋,给梁体混凝土施加预应力。

3. 张拉程序

(1)张拉前,对施工用预应力筋、锚具、夹片、张拉油泵、千斤顶、油表、张拉杆连接器、张拉横梁、隔离套管设置等设备、工装、材料必须检验合格,且张拉油泵、油表、千斤顶必须配套校验,张拉横梁位置、隔离套管长度、设计位置等符合要求后方可施工。

(2)采取单根初调、整体张拉工艺。首先进行单根钢绞线应力初调,初调完成后,进行钢绞线整体终张拉。整体终张拉采用两端、同步、分级整体张拉的原则。当有折线筋时,先张拉折线筋、后张拉直线筋,并应符合设计文件规定顺序。

(3)钢绞线初调及整体终张拉时,必须对钢绞线实测应力值、钢绞线伸长值、夹片回缩量、钢横梁变形量、传力柱压缩量等进行观测,发现异常及时处理,确保施加梁体中的有效预应力满足设计要求。

(4)张拉控制应力以油压表读数为主,以预应力筋的伸长值作校核,实际伸长值与理论伸长值的差值不应超过±6%。理论伸长值应按预应力筋实测弹性模量计算。浇筑前,应对预应力筋进行抽查,应力损失超过3%时应补充张拉。抽查数量直线筋不少于10%,折线筋不少于20%,抽查时可采用单根张拉的方式。

(5)预应力筋张拉和混凝土浇筑时,环境温度应保持在0℃以上,预应力筋张拉与混凝土浇筑时的环境温度差不应超过5℃。

(九)质量控制要点

1. 实际伸长值两端之和不超过理论计算值的±6%,两端伸长量保持基本一致,不同步率控制在5%以内。

2. 预应力张拉采用两端同步张拉,并符合设计张拉顺序,预应力张拉过程中保持两端伸长量基本一致,测量伸长值必须两端同时进行。

3. 因处理滑、断丝而引起钢绞线束重复张拉时,同一束钢绞线张拉次数不得超过3次。若钢绞线与锚具因滑丝而留有明显刻痕时,必须更换夹片、钢绞线。

4. 张拉时千斤顶升压或降压速度须缓慢、均匀,切忌突然加压或卸压。

5. 后张预制梁,张拉后测量和计算,一端钢绞线回缩量不大于6 mm,夹片错牙量不超过1 mm。

6. 预制后张梁,梁体如有影响承载能力的缺陷,须事先修补并达到规定强度时(修补材料强度比原混凝土提高一个强度等级),方可预加应力。

五、压浆封锚

后张梁,终张拉完毕后,必须在48 h之内进行管道压浆作业。管道压浆采用真空辅助灌浆工艺,压浆结束24 h后,方可进行封锚作业。

先张梁,放张结束后,应尽快进行封锚作业,封锚采用无收缩微膨胀混凝土。

(一)压浆流程

压浆工艺流程如图5-39所示。

(二)压浆施工

1. 后张梁终张拉结束,经检查符合要求后,切割多余钢绞线后尽快压浆,其间隔时间不超过48 h。压浆时及压浆后3 d内,梁体及环境温度不得低于5℃。

2. 压浆采用真空辅助压浆,压浆设备采用连续式压浆泵。其压力表最小分度值为0.1 MPa,最大量程应使实际工作压力在其25%~75%的量程范围内。真空泵应能达到0.092 MPa的负压力。压浆用胶管一般不超过30 m,保证从浆体搅拌至压入管道的时间间隔不应超过40 min。

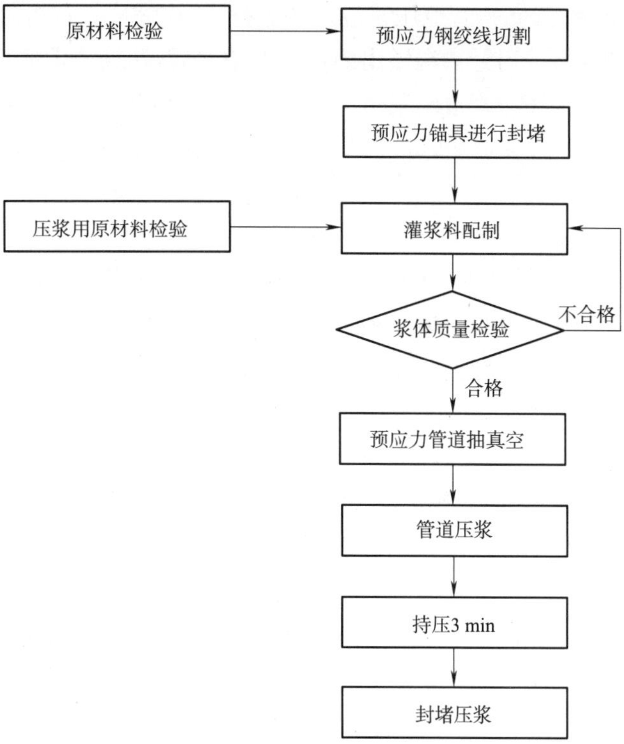

图 5-39　压浆工艺流程

3. 钢绞线割除后，采用钢碗式扣件进行压浆锚头封闭(图 5-40)，确保密封圈在最大压力下不漏浆。清理锚垫板灌浆孔，保证灌浆通道畅通。确定抽真空端和灌浆端，安装引出管、球阀和接头，并检查其功能。

图 5-40　梁体采用钢碗式扣件压浆图

4. 浆体搅拌均匀后，检验搅拌罐内浆体流动度，出机流动度在 14～22 s 之间，30 min 后的流动度控制在 30 s 以内。其流动度在规定范围内，即可通过过滤网进入储料罐。压浆料由搅拌机进入储料罐时，须经过过滤网，过滤网空格不得大于 3 mm×3 mm。

5. 压浆顺序:先下后上,同一管道压浆应连续进行,一次完成。首先由一端以 0.5 MPa 的恒压力向另一端压送水泥浆,当另一端溢出的稀浆变浓之后,达到规定的稠度后,封闭出浆口,继续压浆到压力达到 0.5 MPa,管道出浆口应装有三通管,必需确认出浆浓度与进浆浓度一致时,方可封闭保压,浆体注满管道后,应在 0.50 MPa 下持压 3 min,压浆最大压力不宜超过 0.60 MPa。

(三)封锚作业

1. 为防止水分及其他有害介质侵入梁体,腐蚀锚具及外露钢绞线,后张梁待孔道压浆工作完毕并经检查合格后,及时进行梁体封锚。

先张梁放张后,清理梁端混凝土,凿除旧混凝土并露出新鲜混凝土面不得少于 75%,采用干硬性补偿收缩混凝土进行封锚作业。

2. 凿毛、清理工作后,在锚具的四周及钢绞线端部涂以聚氨酯防水涂料进行防水处理。为加强后灌注部分混凝土与梁端的连接,防止封锚混凝土开裂,设置钢筋网片,并把钢筋网片绑扎牢固。

(四)质量控制要点

1. 冬季施工时采取保温措施,并掺加具有引气功能的灌浆剂。夏季施工时,避开高温天气,在早、晚进行,必要时夜间从事压浆作业,当气温高于 35℃时,停止压浆作业。

2. 压浆配比材料中水、水泥、灌浆剂称量精度为±1%,油压表校正有效期为半年,所用称量器械校正有效期为一年。

3. 密实度验证试验:压浆完成 500 孔(跨)应进行一次压浆密度验证,不足 500 孔(跨)时按 500 孔(跨)计。

4. 为使封锚混凝土与梁体混凝土更好的粘结,在灌注封锚混凝土前对梁端混凝土用清水充分湿润。封锚混凝土要加强捣固,要求混凝土密实,与梁端面平齐。

六、桥面防水(保护)层

(一)防水(保护)层施工

1. 受桥梁铺架方式影响,箱梁防水(保护)层一般在梁体架设到桥位后施工;T 梁一般在场内施工完毕后,进行架设。

2. 防水层采用氯化聚乙烯防水卷材和水泥基胶共同构成的防水层;保护层采用 C40 细石纤维混凝土。

3. 防水(保护)层施工,首先进行梁面混凝土基层验收,然后进行防水卷材铺贴,最后进行保护层施工。

4. 铺贴防水卷材时,粘结剂应涂刮均匀,涂刷厚度控制在 1.2～1.5 mm,搭接处两层防水层卷材之间的粘接厚度不得小于 1 mm。防水层铺设完毕 24 h 后方可进行保护层施工。

5. 纤维混凝土保护层,应表面平整、密实,保障排水畅通。保护层做好后,采取必要的保水养护措施,避免失水太快。

(二)质量控制要点

1. 防水涂料严禁明火加热;防水涂料的运输、存放应严禁遇水并远离火源,进场后应安置于远离人群、火源处常温存放。

2. 防水层铺设后 24 h 及保护层混凝土终凝前应切实做好防雨工作；冬季还应做好保护层混凝土的防冻工作。

3. 防水层施工前，必须确保基层干燥、清洁，施工中，应保证卷材搭接宽度、涂层厚度满足设计要求。

第六章　高性能混凝土配合比设计

第一节　影响配合比主要因素

一、高性能混凝土概念

（一）高性能混凝土（High Performance Concrete 简称 HPC）是在大幅度提高普通混凝土性能的基础上，采用现代混凝土技术制作的混凝土，它是以耐久性作为设计的主要指标，针对不同用途的要求，对耐久性、施工性、适用性、强度、体积稳定性和经济性等指标重点加以保证。

（二）混凝土的耐久性是指混凝土在实际使用条件下抵抗自身和自然环境长期破坏作用的能力，且长期保持强度和外观完整性的能力；是指混凝土结构在规定的使用年限内，在各种环境条件作用下，不需要额外的费用加固处理而保持其安全性、正常使用和可接受的外观能力。

（三）根据高性能混凝土要求的具有高耐久性、高工作性、高匀质性，部分也要高强度的现实，高性能混凝土在配制上的特点是低水胶比，选用优质原材料，并除水泥、水、集料外，必须掺加一定数量的矿物细掺和料和选用高性能外加剂。

（四）高速铁路列车的运行，要求线下结构具有高平顺性、高稳定性的特点，结合铁路运营安全性的要求，决定了其结构必须要使用高性能混凝土。

二、高性能混凝土配合比设计思路

（一）混凝土的原材料和配合比参数应根据混凝土结构的设计使用年限、所处环境和作用等级确定。

（二）应根据混凝土的工作性、设计强度和耐久性指标要求，结合所选用水泥、外加剂、地材的性能以及不同环境类别（不同生产工艺）相关技术标准参数要求，进行配合比设计。

（三）高性能混凝土配合比应按最小浆骨体积比原则设计。

（四）为保证高性能混凝土耐久性指标的实现，配合比设计应按照低水胶比和低用水量双控进行设计。采用低水胶比对提高混凝土强度和耐久性至关重要。较低的水胶比能够降低混凝土孔隙率并减小孔隙尺寸。在满足和易性的条件下，尽量减少用水量，可以抑制混凝土干缩裂纹，提高混凝土结构耐久性。

三、影响高性能混凝土配合比的因素

（一）混凝土是一种离散性较大的材料，对高性能混凝土来说，由于配制要求严格，如高胶凝材料用量、低水胶比等特点，原材料和环境条件的变动对质量影响很大。由于原材料以及环境条件的不同，不可能在任何情况下均采用同一配合比来生产高性能混凝土。因此在高性能混凝土试配前，对现场实际采用的水泥、砂、石等原材料性能测试和对混凝土结构所处环境作

用类别及等级进行划分，是确保高性能混凝土配合比适应性的前提。

（二）选定配合比时应检验的项目有：坍落度、扩展度、泌水率、含气量、凝结时间、抗压强度、弹性模量、电通量、抗冻性、抗渗性、气泡间距系数、胶凝材料抗硫酸盐侵蚀等，还必须控制混凝土中总碱含量、总氯离子含量、总三氧化硫含量等。

（三）配合比设计及施工中应严格控制水胶比及水泥用量。水胶比不仅影响混凝土强度，而且影响其密实性、耐久性。因此严格控制水泥用量的上下限，是保证混凝土密实性和耐久性的重要措施。

（四）选定高性能混凝土配合比设计的基本参数，从水泥品种及强度等级的选择、砂率、水胶比、掺合料用量的控制、外加剂掺量和施工工艺等方面考虑。

1. 影响混凝土和易性、拌和物性能及力学性能、收缩及开裂的因素很多，从原材料、外加剂的选择到砂率、水胶比及矿物外加剂的掺量，所有这些因素均对混凝土耐久性指标影响。配合比设计时，各项性能均满足要求时，要尽量降低水泥用量、用水量、坍落度、砂率。严格控制混凝土的坍落度，其他条件一定，坍落度越大，需要的水的量就越大，混凝土收缩和开裂的可能性就越大。

2. 严格控制水胶比及水泥用量。水胶比不仅影响混凝土强度，而且影响其密实性、耐久性。严格控制水泥用量的上、下限，是保证混凝土密实性和耐久性的重要措施。

3. 采用较小的砂率。砂率越大，混凝土的收缩值越大，在满足和易性的情况下，应采用较小的砂率。

4. 结合混凝土结构所在地气候和施工季节特点，夏季施工时，以掺粉煤灰为主，掺矿渣粉为辅，用以降低混凝土水化热，减少混凝土结构内、外温差，避免混凝土产生温度裂纹；冬季施工时，以掺入矿渣粉为主，掺粉煤灰为辅，可以提高混凝土早期强度，防止冻害。

5. 为改善混凝土工作性能，提高拌和物和易性，并降低水化热，粉煤灰可按水泥用量的15％～25％掺用，这样可以减少裂缝的发生。

6. 采用级配良好且含泥量少、细颗粒少的中粗砂，因其孔隙率小，这样降低混凝土的总胶凝材料量，有利于混凝土裂缝减少。在满足和易性的情况下，应采用较小的砂率。

7. 选用粒形良好、质地均匀、线胀系数小的洁净碎石，采用分级连续级配粗骨料，以提高混凝土的工作性能和强度。

8. 因混凝土自身抗拉强度较低，可以考虑在混凝土中掺用纤维材料，纤维在混凝土中起到“拉结”作用，不同程度的抑制了裂纹的产生、发展，但大面积使用成本高，可在特殊结构物使用。

9. 应结合工程所在地气象、自然、材料情况，结合施工技术，从运输、灌注、养护、施工水平等环节，综合考虑确定混凝土配合比各参数。

第二节　配合比设计选定计算

一、配合比设计方法

（一）根据《普通混凝土配合比设计规程》(JGJ 55—2011)，结合混凝土的工作性、设计强度、长期性和耐久性指标要求，依据工程所选水泥的性能、外加剂、砂石料性能，计算混凝土试配强度。

（二）根据《铁路混凝土》(TB/T 3275—2011)第 7 章的规定，初步确定胶凝材料总用量、矿物掺合料的种类及掺量、外加剂的掺量、水胶比和砂率，并计算出单位体积的水泥用量、矿物掺合料用量、用水量以及外加剂的用量。

（三）采用体积法按式(6-1)～式(6-3)计算砂、石用量，确定基准配合比。

$$V_{s,g}=1-\left(\frac{m_c}{\rho_c}+\frac{m_f}{\rho_f}+\frac{m_k}{\rho_k}+\frac{m_{a1}}{\rho_{a1}}+\frac{m_{a2}}{\rho_{a2}}+\frac{m_{a3}}{\rho_{a3}}+\frac{m_w}{\rho_w}+\alpha\right) \tag{6-1}$$

$$m_s=V_{s,g}S_v\rho_s \tag{6-2}$$

$$m_g=V_{s,g}(1-S_v)\rho_g \tag{6-3}$$

式中　S_v——体积砂率(%)；

$V_{s,g}$——每立方米混凝土中砂石的绝对体积(m^3)；

m_c——每立方米混凝土的水泥用量(kg)；

m_f——每立方米混凝土粉煤灰用量(kg)；

m_k——每立方米混凝土矿粉用量(kg)；

m_s——每立方米混凝土的细骨料用量(kg)；

m_g——每立方米混凝土的粗骨料用量(kg)；

m_w——每立方米混凝土的用水量(kg)；

m_{a1}——每立方米混凝土减水剂用量(kg)；

m_{a2}——每立方米混凝土引气剂用量(kg)；

m_{a3}——每立方米混凝土膨胀剂用量(kg)；

α——混凝土含气量；$\alpha=0.030$；

ρ_c——水泥密度，$\rho_c=3\ 060\ kg/m^3$；

ρ_f——粉煤灰密度，$\rho_f=2\ 340\ kg/m^3$；

ρ_k——矿粉密度，$\rho_k=2\ 830\ kg/m^3$；

ρ_s——细骨料密度，$\rho_s=2\ 580\ kg/m^3$；

ρ_g——粗骨料密度，$\rho_g=2\ 780\ kg/m^3$；

ρ_w——水的密度，$\rho_w=1\ 000\ kg/m^3$；

ρ_{a1}——减水剂密度，$\rho_{a1}=1\ 054\ kg/m^3$；

ρ_{a2}——引气剂密度，$\rho_{a2}=1\ 005\ kg/m^3$；

ρ_{a3}——膨胀剂密度，$\rho_{a3}=3\ 020\ kg/m^3$。

（四）计算单方混凝土的总碱含量、氯离子含量和三氧化硫含量是否符合《铁路混凝土》(TB/T 3275—2011)的规定，计算浆体比是否符合《铁路混凝土》(TB/T 3275—2011)第 7.2.6 条的规定。否则，应重新选择原材料或者调整基准配合比，直至满足要求为止。（浆体比即混凝土中胶凝材料和水的体积之和与混凝土总体积之比）

（五）按上述确定的配合比拌和混凝土，测试混凝土的拌和物性能。若试验结果与设计拌和物性能存在差别，计算水胶比宜保持不变，可以适当调整配合比其他参数，使混凝土拌和物性能符合设计和施工要求。然后修正计算配合比，提出试拌配合比。试拌时，每盘混凝土的最小搅拌量应在 20 L 以上，且不少于搅拌机容量的 1/4。

（六）将上述确定的混凝土配合比作为基准配合比，另外两个配合比的水胶比宜较试拌基准配合比分别增加和减少 0.02，用水量应与试拌配合比相同，砂率可分别增加和减少 1%。按设计要求或《铁路混凝土》(TB/T 3275—2011）相关规定对这些混凝土的力学性能、耐久性能和长期性能进行检验。

（七）按照工作性能优良、强度和耐久性满足要求、经济合理的原则，从上述试验结果满足要求的配比中选择合适的配合比作为试验室理论配合比。

（八）采用工程实际使用的原材料和搅拌方式搅拌混凝土，测定混凝土的表观密度。根据实测混凝土拌和物的表观密度，求出校正系数，当混凝土拌和物表观密度实测值与计算值之差的绝对值不超 2%时，可维持不变；当二者之差超过 2%时，应将配合比中每项材料用量均乘以校正系数，即得到混凝土的理论配比。校正系数按式(6-4)计算：

$$校正系数=拌和物表观密度实测值/拌和物表观密度计算值 \tag{6-4}$$

（九）配合比调整后，按照确定配合比计算混凝土中总碱含量、氯离子含量、三氧化硫含量是否满足 TB/T 3275—2011 相关规定。

二、C50 混凝土配合比设计实例

（一）配合比设计原则

混凝土配合比应按照最小浆骨体积比原则设计。

（二）环境类别及其作用等级

根据图纸（总体设计单位）要求确定。

（三）设计说明

该混凝土配合比适用于××制梁场，新建××铁路×标(DK×～DK×）预制×××混凝土施工，所处环境为×环境，××混凝土采用强度等级为 C50 的××混凝土。按照使用年限×年设计，××混凝土采用搅拌站集中拌和，××施工工艺。

（四）设计目的和用途

1. 目的：保证混凝土力学性能、耐久性、工作性满足相关标准要求，且经济合理。

2. 用途：预制×梁混凝土。

（五）设计要求

1. 强度等级：C50，弹性模量：35.5 GPa，箱梁。

2. 坍落度要求：160～200 mm、含气量：3%～4%、泌水率(%)：无泌水。

3. 混凝土胶凝材料不宜高于 480 kg/m^3(C50 及以上不易高于 500 kg/m^3)，水泥用量不少于 400 kg/m^3(T 梁)，水胶比不大于 0.35，浆体比不大于 0.35。

4. 抗冻次数 200 次，相对动弹模量≥80%，质量损失≤5%；28 d 电通量≤1 000 C；抗渗等级≥P20（有要求时)；（T 梁场耐腐蚀性 K>0.8)。

5. 每立方混凝土碱含量≤3.0 kg/m^3。

6. 每立方混凝土氯离子含量≤0.06%。

7. 每立方混凝土三氧化硫含量≤胶凝材料的 4.0%。

（六）C50 混凝土配比设计步骤

1. 确定试配强度($f_{cu,0}$)。

根据《普通混凝土配合比设计规程》(JGJ 55—2011)，混凝土试配强度采用下式确定：

$$f_{cu,0} \geq f_{cu,k} + 1.645\sigma = 50 + 1.645 \times 6 = 59.9\ \text{MPa}$$

式中 $f_{cu,0}$——混凝土配制强度(MPa)；

$f_{cu,k}$——混凝土立方体抗压强度标准值(MPa)；

σ——混凝土强度标准差，取6.0。

2. 确定水胶比(W/B)。

根据《高速铁路预制后张法预应力混凝土简支梁》(TB/T 3432—2016)第3.3.5条、《铁路混凝土》(TB/T 3275—2011)要求，混凝土胶凝材料总量不应超过500 kg/m³，水胶比不应大于0.35，故取水胶比0.29。

3. 计算每立方混凝土中各项材料用量。

(1)根据《高速铁路预制后张法预应力混凝土简支梁》(TB/T 3432—2016)第3.3.5条、《铁路混凝土》(TB/T 3275—2011)要求，T_2环境中每立方混凝土总胶材用量不宜小于300 kg，混凝土胶凝材料总量不大于500 kg，确定每立方米混凝土中胶凝材料总用量为470 kg，外加剂掺量为1.0%，即470×1.0%=4.7 kg/m³，引气剂掺量为0.5%，即470×0.5%=2.35 kg，混凝土中粉煤灰掺量为胶凝材料总量的8.0%，即470×8.0%=38 kg/m³，混凝土中矿粉掺量为胶凝材料总量的8.0%，即470×8.0%=38 kg/m³，混凝土中膨胀剂掺量为胶凝材料总量的10.0%，即470×10.0%=47 kg/m³，故水泥用量为470−38−38−47=347 kg/m³。

(2)每立方米混凝土中胶凝材料总用量为470 kg，取水胶比为0.29，故每方混凝土中总用水量为136 kg。减水剂中固体含量为25.14%，引气剂中固体含量3.97%，所以掺外加剂后用水量，所以掺外加剂后用水量为：136−4.70×(1−25.14%)−2.35×(1−3.97%)=130 kg/m³。

(3)砂率(S_V)。

砂率取值S_V=42%。

(4)粗骨料、细骨料用量确定。采用体积法计算，按式(6-1)、式(6-2)和式(6-3)计算得：m_s=731 kg；m_g=1 088 kg。

(5)核算浆体比是否满足要求

$$浆体比=\frac{胶凝材料体积+水体积}{混凝土总体积}=\frac{0.158\,2+0.136\,0}{1}=0.29<0.35$$，经过计算符合标准要求。

(6)试配用理论配合比(表6-1)

表6-1 理论配合比

材料名称	水泥	粉煤灰	矿粉	细骨料	粗骨料	水(掺外加剂后)	外加剂	引气剂	膨胀剂
规格	P·O 42.5	C50及以上	S95	中砂	5～20 mm	井水	ART-JS	ART-XY	DNW-P
材料用量(kg/m³)	347	38	38	731	1 088	130	4.70	2.35	47
理论配合比	1	0.11	0.11	2.11	3.14	0.37	0.013 5	0.006 8	0.135 4
备注	水胶比：0.29								

4. 混凝土试配及拌和物性能检测

(1)每立方米材料用量。根据计算的配合比作为基准配合比进行试配，另外增加水胶比0.27，砂率为41%；水胶比为0.31，砂率为43%配合比各一组(表6-2)。

(2)试拌配合比材料用量。根据选定的配合比试拌混凝土，主要材料及配合比参数见表(表6-3)。

(3)试拌混凝土拌和物性能指标(表6-4)。

5. 混凝土配合比调整与确定

(1)根据试配结果，确定理论配合比每立方米材料用量(表6-5)。

(2)确定的配合比混凝土拌和物性能指标(表6-6)。

(3)混凝土中总碱含量计算。混凝土中的总碱含量包括水泥、矿物掺合料、外加剂及水的碱含量之和。其中，矿物掺合料的碱含量以其所含可溶性碱计算。粉煤灰的可溶性碱量取粉煤灰总碱量的1/6，矿渣粉的可溶性碱量取矿渣总碱量的1/2，硅灰的可溶性碱量取总碱量的1/2，每方混凝土总量碱含量不超过3.0 kg/m^3。C50混凝土配合比总碱量计算结果表(表6-7)。

(4)混凝土中氯离子总含量计算。混凝土中氯离子总含量包括水泥、矿物掺合料、粗骨料、细骨料、水、外加剂等所含氯离子含量之和，对于钢筋混凝土不应超过胶凝材料总碱含量的0.10%，预应力混凝土不应超过胶凝材料总量的0.06%。C50混凝土配合比中氯离子总含量计算结果表(表6-8)。

(5)混凝土中三氧化硫总含量计算。混凝土中三氧化硫总含量包括水泥、矿物掺合料、粗骨料、细骨料、水、外加剂等所含三氧化硫含量之和，不应超过胶凝材料总碱含量的4.0%。C50混凝土配合比中三氧化硫总含量计算结果表(表6-9)。

6. 混凝土配合比设计报告的组成：

(1)配合比选定报告。

(2)混凝土强度及弹性模量报告。

(3)配合比所用原材料自检及委外报告。

(4)配合比所用原材料质保单。

(5)耐久性指标报告。

三、预制简支梁配合比设计技术参数

(一)预制简支梁混凝土设计指标(表6-10)。

(二)简支梁混凝土耐久性指标及要求(表6-11)。

表 6-2　C50 高性能混凝土配合比每立方米材料的用量(kg/m³)

编号	水胶比	砂率	水泥(kg)	粉煤灰(kg)	矿粉(kg)	细骨料(kg)	粗骨料(kg)		掺外加剂后的用水(kg)	减水剂(kg)	引气剂(kg)	膨胀剂(kg)	理论配合比
							5～10 mm	10～20 mm					
01	0.29	42%	10.41	1.14	1.14	21.93	9.79	22.85	3.90	0.141	0.071	1.410	1∶0.11∶0.11∶2.11∶3.14∶0.37∶0.013 5∶0.006 8∶0.013 54
02	0.27	41%	11.22	1.21	1.21	21.42	9.95	23.23	3.90	0.151	0.076	1.51	1∶0.11∶0.11∶1.91∶2.96∶0.35∶0.013 5∶0.006 7∶0.013 47
03	0.31	43%	9.75	1.05	1.05	22.44	9.62	22.45	3.90	0.132	0.066	1.32	1∶0.11∶0.11∶2.30∶3.29∶0.40∶0.013 5∶0.006 7∶0.135 0
备注		粗骨料(5～10)mm∶(10～20)mm=30%∶70%(封锚采用细石混凝土)											

表 6-3　选定配合比试拌混凝土(30 L)配合比参数(kg)

编号	水胶比	砂率	水泥(kg)	粉煤灰(kg)	矿粉(kg)	细骨料(kg)	粗骨料(kg)	水(kg)	掺外加剂后的用水(kg)	减水剂(kg)	引气剂(kg)	膨胀剂(kg)	理论配合比	容重(kg/m³)
01	0.29	42%	347	38	38	731	1 088	136	130	4.70	2.35	47	1∶0.11∶0.11∶2.11∶3.14∶0.37∶0.013 5∶0.006 8∶0.013 54	2 430
02	0.27	41%	374	40	40	714	1 106	136	130	5.04	2.52	50	1∶0.11∶0.11∶1.91∶2.96∶0.35∶0.013 5∶0.006 7∶0.013 47	2 460
03	0.31	43%	325	35	35	748	1 079	136	130	4.39	2.19	44	1∶0.11∶0.11∶2.30∶3.29∶0.40∶0.013 5∶0.006 7∶0.135 0	2 390
备注		粗骨料(5～10)mm∶(10～20)mm=30%∶70%												

表 6-4　试拌混凝土拌和物性能指标

编号	水胶比	砂率	水泥(kg)	粉煤灰(kg)	矿粉(kg)	细骨料(kg)	粗骨料(kg)		掺外加剂后的用水(kg)	减水剂(kg)	引气剂(kg)	膨胀剂(kg)	坍落度(mm)	扩展度(mm)	含气量(%)	泌水率(%)	实测容重(kg/m^3)
							5～10(mm)	10～20(mm)									
01	0.29%	42	10.41	1.14	1.14	21.93	9.79	22.85	3.90	0.141	0.071	1.410	—	—	—	0	—
02	0.27%	41	11.22	1.21	1.21	21.42	9.95	23.23	3.90	0.151	0.076	1.51	—	—	—	0	—
03	0.31%	43	9.75	1.05	1.05	22.44	9.62	22.45	3.90	0.132	0.066	1.32	—	—	—	0	—
备注：	粗骨料(5～10)mm：(10～20)mm=30%：70%																

表 6-5　根据试配结果确定每立方混凝土理论配合比

编号	水胶比	砂率	水泥(kg)	粉煤灰(kg)	矿粉(kg)	细骨料(kg)	粗骨料(kg)	水(kg)	掺外加剂后的用水(kg)	减水剂(kg)	引气剂(kg)	膨胀剂(kg)	备注
01	0.29	42	347	38	38	731	1 088	136	130	4.70	2.35	47	5～10 mm 碎石占 30% 10～20 mm 碎石占 70%
备注	本配合比所用材料均为相对干燥状态												

表 6-6　确定的配合比混凝土拌和物性能指标

项目	坍落度(mm)	扩展度(mm)	泌水率(%)	含气量	抗裂性(28 d)	电通 28 d(C)	抗冻性(28 d)		抗渗性(有要求时)
							质量损失	相对动弹模	
实测值	200	500	无泌水	3.5%	无裂纹	686	2%	96%	>P20

表 6-7　C50 混凝土配合比总碱含量计算结果表

项目 \ 材料名称	水泥	粉煤灰	矿粉	河砂	碎石	减水剂	引气剂	膨胀剂	水
单方混凝土中单项材料用量(kg/m³)	347	38	38	731	1 088	4.70	2.35	47	136
单项材料的碱含量(%)	0.58	1.60	0.6	—	—	2.29	3.13	0.36	49.32(mL)
单项材料在单方混凝土中的碱含量(kg/m³)	2.012 6	0.101 3	0.114 0	—	—	0.027 1	0.002 9	0.169 2	0.006 7
混凝土的总碱含量(kg/m³)	2.4								
结论	单方混凝土总碱含量(实测值 2.4 kg/m³≤标准值 3.0 kg/m³)，符合标准要求								

注：减水剂含固量 25.14%；引气剂含固量 3.97%；水胶比：0.29。

表 6-8　C50 混凝土配合比中氯离子总含量计算结果表

项目 \ 材料名称	水泥	粉煤灰	矿粉	河砂	碎石	减水剂	引气剂	膨胀剂	水
单方混凝土中单项材料用量(kg/m³)	347	38	38	731	1 088	4.70	2.35	47	136
单项材料的氯离子含量(%)	0.007	0.005	0.008	0.001	0.001	0.04	0.06	0.006	47.71(mL)
单项材料在单方混凝土中的氯离子含量(kg/m³)	0.024 3	0.001 9	0.003 0	0.007 3	0.010 9	0.000 5	0.000 1	0.002 8	0.006 5
混凝土的氯离子总含量(kg/m³)	(0.024 3+0.001 9+0.003 0+0.007 3+0.010 9+0.000 5+0.000 1+0.002 8)÷(347+38+38+47)=0.01%								
结论	氯离子总含量占胶凝材料总量(实测值 0.01%≤标准 0.06%)，符合标准要求								

注：减水剂含固量 25.14%；引气剂含固量 3.97%；水胶比：0.29。

表 6-9　C50 混凝土配合比中三氧化硫总含量计算结果表

项目 \ 材料名称	水泥	粉煤灰	矿粉	河砂	碎石	减水剂	引气剂	膨胀剂	水
单方混凝土中单项材料用量(kg/m³)	347	38	38	731	1 088	4.70	2.35	47	136
单项材料的三氧化硫含量(%)	2.91	0.82	0.47	0.1	0.1	1.49	1.59	11.04	33.65(mL)
单项材料在单方混凝土中的三氧化硫含量(kg/m³)	10.097 7	0.311 6	0.178 6	0.731 0	1.088	0.009 9	0.000 8	5.188 8	0.003 8
混凝土的三氧化硫总含量(kg/m³)	(10.097 7+0.311 6+0.178 6+0.731 0+1.088+0.009 9+0.000 8+5.188 8+0.003 8)÷(347+38+38+47)=3.75%								
结论	三氧化硫总含量占胶凝材料总量(实测值 3.75%≤标准值 4.0%)，符合标准要求								

注：减水剂硫酸钠换算成三氧化硫系数：0.563 7，水：0.833 5。

表 6-10 预制简支梁混凝土设计指标

序号	项目名称	使用部位	要求技术指标	备注
1	预制简支箱梁混凝土	箱梁梁体	抗冻性、抗渗性(有要求时)、抗氯离子渗透性、抗压强度、弹性模量、坍落度或维勃稠度(扩展度)、泌水率、凝结时间、含气量、56d 收缩、气泡间距系数	
			基本计算项目:总碱含量、三氧化硫含量、氯离子含量、浆体比	
		箱梁封锚	抗冻性、抗渗性(有要求时)、抗氯离子渗透性、抗压强度、弹性模量、坍落度或维勃稠度(扩展度)、泌水率、凝结时间、含气量、混凝土限制膨胀率、气泡间距系数	
			基本计算项目:总碱含量、三氧化硫含量、氯离子含量、浆体比	
2	预制简支 T 梁混凝土	T 梁梁体	抗冻性、抗渗性、抗氯离子渗透性、胶材耐腐蚀系数、抗压强度、弹性模量、坍落度或维勃稠度(扩展度)、泌水率、凝结时间、含气量、56d 收缩、气泡间距系数	
			基本计算项目:总碱含量、三氧化硫含量、氯离子含量、浆体比	
3		T 梁封锚	抗冻性、抗渗性、抗氯离子渗透性、胶材耐腐蚀系数、抗压强度、弹性模量、坍落度或维勃稠度(扩展度)、泌水率、凝结时间、含气量、限制膨胀率、气泡间距系数	
			基本计算项目:总碱含量、三氧化硫含量、氯离子含量、浆体比	
4		T 梁桥面保护层	抗冻性、抗渗性、抗氯离子渗透性、胶材耐腐蚀系数、抗压强度、弹性模量、坍落度或维勃稠度(扩展度)、泌水率、凝结时间、含气量、抗劈裂强度、56d 收缩、气泡间距系数	
			基本计算项目:总碱含量、三氧化硫含量、氯离子含量、浆体比	
以下混凝土技术指标依据工程所处环境根据要求选作				
5	预制简支梁混凝土	气泡间距系数	仅对冻融破坏、盐类结晶破坏环境混凝土	
		56 d 氯离子扩散系数	仅对氯盐环境混凝土	
		56 d 抗硫酸盐结晶破坏等级	仅对盐类结晶破坏环境混凝土	
		56 d 胶凝材料抗蚀系数	仅对硫酸盐化学侵蚀环境混凝土	
		收缩(56 d)	仅对无砟轨道底座板混凝土、双块式轨枕道床板混凝土、自密实混凝土和采用新材料、新工艺施工的预应力混凝土	
		徐变	仅对采用新材料、新工艺施工的预应力混凝土	

表 6-11　简支梁混凝土耐久性指标及要求

<table>
<tr><th>材料名称</th><th colspan="2">检验项目</th><th>技术指标</th><th>配合比选定</th><th>配合比验证</th><th>备注</th></tr>
<tr><td rowspan="11">混凝土耐久性指标及要求</td><td rowspan="2">抗冻性(200 次)
T 梁桥面保护层(300 次)</td><td>重量损失</td><td>≤5%</td><td rowspan="11">1. 配合比选定时应在梁场试验室或业主指定试验室进行,并经第三方检测单位进行见证。
2. 耐久性试验龄期可以为 28 d。当 28 d 试验结果不合格时,以 56 d 为准;若 56 d 试验结果不合格时,配合比需重新选定</td><td rowspan="11">1. 耐久性指标试验,必须送往有铁路行业检测资质的检验单位进行检测,并由其出具检测报告。
2. 送检产品检验抽样登记表填写要求:抽样单上必须要有监理签字和监理单位公章;梁场单位负责人由项目部总工签字并盖梁场公章;抽样人由梁场试验室主任签字,具体联系人电话为试验室主任的电话。
3. 委托单上必须详细填写各项检测内容指标和评定依据。梁场抽样时详细填写生产企业名称、地址及邮编,企业单位公章则不需要加盖</td><td rowspan="7">首孔(跨)梁必须制作抗冻性、抗渗性、电通量耐久性试件</td></tr>
<tr><td>相对动弹性模量</td><td>≥80%</td></tr>
<tr><td>抗渗等级</td><td colspan="2">≥P20</td></tr>
<tr><td>电通量(密实性)</td><td colspan="2">≤1 000 C</td></tr>
<tr><td>(56 d)抗硫酸盐侵蚀性能
(T 梁及氯盐环境)</td><td colspan="2">胶材 $k \geq 0.8$　水泥 $k \geq 1.0$</td></tr>
<tr><td>碱骨料反应</td><td colspan="2">非活性骨料,要求碱-硅酸反应快速砂浆棒膨胀率<0.10%</td></tr>
<tr><td>碱骨料抑制性能有效评价</td><td colspan="2">进行抑制效能试验,且膨胀率<0.10%</td></tr>
<tr><td>(56 d)气泡间距系数</td><td colspan="2">盐类结晶破坏环境下混凝土气泡间距系数应小于 300 μm,且混凝土抗盐类结晶破坏能力:<table><tr><td rowspan="2">评价指标</td><td rowspan="2">环境作用等级</td><td colspan="3">设计使用年限</td></tr><tr><td>100 年</td><td>60 年</td><td>30 年</td></tr><tr><td rowspan="4">56 d 抗盐类结晶破坏等级</td><td>Y1</td><td>≥KS90</td><td>≥KS60</td><td>≥KS60</td></tr><tr><td>Y2</td><td>≥KS120</td><td>≥KS90</td><td>≥KS90</td></tr><tr><td>Y3</td><td>≥KS150</td><td>≥KS120</td><td>≥KS120</td></tr><tr><td>Y4</td><td>≥KS150</td><td>≥KS120</td><td>≥KS120</td></tr></table></td><td rowspan="4">必要时</td></tr>
<tr><td>(56 d)氯离子扩散系数
D_{RCM}($\times 10^{-12}\ m^2/s$)</td><td colspan="2"><table><tr><td rowspan="2">评价指标</td><td rowspan="2">环境作用等级</td><td colspan="2">设计使用年限</td></tr><tr><td>100 年</td><td>60 年</td></tr><tr><td rowspan="3">56 d 氯离子扩散系数</td><td>L1</td><td>≤7</td><td>≤10</td></tr><tr><td>L2</td><td>≤5</td><td>≤8</td></tr><tr><td>L3</td><td>≤3</td><td>≤4</td></tr></table></td></tr>
<tr><td>(56 d)收缩率</td><td colspan="2">不大于 400×10^{-6}</td></tr>
<tr><td>徐变</td><td colspan="2">14 d 龄期加载 90 d 的徐变系数不大于 1.0</td></tr>
<tr><td colspan="7">(箱梁、T 梁、封锚、桥面保护层)混凝土耐久性指标包括:
1. 桥面保护层混凝土抗冻融循环 300 次。
2. 桥面保护层混凝土抗渗性能、抗冻性能、电通量每 1 500 m^3 检测一次。
3. 梁体混凝土日常耐久性指标:抗冻 3 万 m^3、电通量 2 万 m^3 抽检一次;抗渗 5 000 m^3 抽检一次(有必要时)。
4. 封锚细石混凝土:150 m^3 检测一次;当每年批量不足时,每年一次</td></tr>
</table>

第三节　冬期施工混凝土热工计算

一、冬期施工的概念

根据工程所在地气象站温度测定记录，当地连续三天稳定低于 5℃时或最低气温低于 0℃时，预制梁施工进入冬期施工。

二、热工计算

为保证冬期施工混凝土的入模温度符合《铁路混凝土工程施工质量验收标准》、《铁路混凝土工程施工技术规程》的 5～30℃要求，依据《建筑工程冬期施工规程》(JGJ/T 104—2011)附录 A 的规定进行混凝土热工计算，合理采用各种混凝土温度控制措施保证入模温度满足施工要求(表 6-12)。

表 6-12　C50 高性能混凝土热工计算

材料名称	质量(kg)	材料占混凝土质量百分比 p	材料比热 c[kJ/(kg·K)]
水泥	338	14.29%	0.536
砂	675	28.54%	0.92
碎石	1 057	44.70%	0.96
水＋外加剂	149.8	6.33%	4.187
粉煤灰＋矿粉	145	6.14%	0.96

(一)冬季混凝土拌和物温度计算

1. 混凝土拌和物温度 T_0

$$T_0=[0.92(m_{ce}T_{ce}+m_{sa}T_{sa}+m_gT_g+m_sT_s)+4.2T_w(m_w-w_{sa}m_{sa}-w_gm_g)+C_1(w_{sa}m_{sa}T_{sa}+w_gm_gT_g)-C_2(w_{sa}m_{sa}+w_gm_g)]\div[4.2m_w+0.92(m_{ce}+m_{sa}+m_g+m_s)]$$

式中　m_{ce}、m_{sa}、m_g、m_s、m_w——水泥、砂、碎石、掺合料、水的用量(kg)；

T_{ce}、T_{sa}、T_g、T_s、T_w——水泥、砂、碎石、掺合料、水的温度(℃)；

w_{sa}、w_g——砂、碎石含水率(%)；

C_1、C_2——水的比热容(kJ/kg·K)及冰的溶解热(kJ/kg)；当骨料温度＞0℃时，$C_1=4.2$，$C_2=0$；当骨料温度≤0℃时，$C_1=2.1$，$C_2=335$。

各种材料用量及温度(预设气温为－10℃)情况见表 6-13。

表 6-13

每方混凝土各材料用量(kg)						各材料温度(℃)						骨料含水率(%)	
m_{ce}	m_{sa}	m_g	m_s	m_w	m_j	T_{ce}	T_{sa}	T_g	T_s	T_w	T_j	w_{sa}	w_g
338	675	1 057	145	145	4.8	0	－5	－5	－5	60	5	4.0	1.0

各种材料用量及温度(预设气温为－5℃)情况见表 6-14。

表 6-14

每方混凝土各材料用量(kg)						各材料温度(℃)						骨料含水率(%)	
m_{ce}	m_{sa}	m_g	m_s	m_w	m_j	T_{ce}	T_{sa}	T_g	T_s	T_w	T_j	w_{sa}	w_g
338	675	1 057	145	145	4.8	5	0	0	0	60	5	4.0	1.0

各种材料用量及温度(预设气温为 0℃)情况见表 6-15。

表 6-15

每方混凝土各材料用量(kg)						各材料温度(℃)						骨料含水率(%)	
m_{ce}	m_{sa}	m_g	m_s	m_w	m_j	T_{ce}	T_{sa}	T_g	T_s	T_w	T_j	w_{sa}	w_g
338	675	1 057	145	145	4.8	10	5	5	5	60	5	4.0	1.0

各种材料用量及温度(预设气温为 5℃)情况见表 6-16。

表 6-16

每方混凝土各材料用量(kg)						各材料温度(℃)						骨料含水率(%)	
m_{ce}	m_{sa}	m_g	m_s	m_w	m_j	T_{ce}	T_{sa}	T_g	T_s	T_w	T_j	w_{sa}	w_g
338	675	1 057	145	145	4.8	15	10	10	10	60	5	4.0	1.0

C50 混凝土拌和物温度:

$$T_0=[0.92(m_{ce}T_{ce}+m_{sa}T_{sa}+m_gT_g+m_sT_s)+4.2T_w(m_w-w_{sa}m_{sa}-w_gm_g)+C_1(w_{sa}m_{sa}T_{sa}+w_gm_gT_g)-C_2(w_{sa}m_{sa}+w_gm_g)]\div[4.2m_w+0.92(m_{ce}+m_{sa}+m_g+m_s)]$$

在表 6-13 状态下,$T_{01}=2.1℃>5℃$。

在表 6-14 状态下,$T_{02}=6.1℃>5℃$。

在表 6-15 状态下,$T_{03}=15.0℃>5℃$。

在表 6-16 状态下,$T_{04}=19.1℃>5℃$。

2. C50 混凝土拌和物出机温度 T_1

$$T_1=T_0-0.16\times(T_0-T_p)$$

式中 T_0——混凝土拌和物温度;

T_p——搅拌棚内温度(℃),设定为 10℃。

在表 6-13 状态下,$T_{11}=3.4℃<5℃$。

在表 6-14 状态下,$T_{12}=6.7℃>5℃$。

在表 6-15 状态下,$T_{13}=14.2℃>5℃$。

在表 6-16 状态下,$T_{14}=17.7℃>5℃$。

3. C50 混凝土拌和物经运输到浇筑时的温度 T_2(混凝土拌和物直接采用装卸式运输工具运送时)

$$T_2=T_1-(\alpha t_1+0.032n)(T_1-T_a)$$

式中 α——温度损失系数 h^{-1},当用混凝土搅拌车运输时,$\alpha=0.25$;

t_1——混凝土拌和物自运输到浇筑时的时间(h),设定混凝土运输为 10 min;

n——混凝土拌和物运转次数,根据现场测试,混凝土搅拌运输车装卸 2 次。

T_a——混凝土拌和物运输时环境温度(℃),设定室外环境温度为 0℃。

在表 6-13 状态下，$T_{21}=3.0℃<5℃$。

在表 6-14 状态下，$T_{22}=6.0℃>5℃$。

在表 6-15 状态下，$T_{23}=12.7℃>5℃$。

在表 6-16 状态下，$T_{24}=15.8℃>5℃$。

三、冬期施工措施

(1)骨料保温措施

骨料在运输过程中，应采用保温棚布进行密封，到达料仓后，对骨料采用帆布进行严密的掩盖，对材料进行预热，使其温度在 0℃以上。必要时对砂、石料加热保温在 5℃以上。

(2)拌和用水的加热措施

拌和用水采用通蒸汽加热进行升温处理，加热升温为 60℃，但不超过 80℃。

(3)混凝土搅拌措施

采用封闭式搅拌楼并配置空调，保证温度在 10℃以上。搅拌时间较常温下延长 50%，确保拌和站混凝土工作性能满足要求。

(4)灌注措施

冬季施工时，模板周围用篷布(保温棚)覆盖，适当通蒸汽保持温度在 10℃～15℃。同时在气温较高的白天进行施工，晚上不宜进行混凝土浇筑。

混凝土输送泵采用保温材料覆盖，输送混凝土前用热水冲洗搅拌主机及输送管道。泵管连接时要检查泵管是否有积水、冰冻等现象，清洗泵管时，在泵管弯头处拆开，排出泵管里的积水。

第七章　产品质量检验

第一节　静载试验

一、目的及作用

铁路运输安全，要求铁路桥梁必须百分之百地达到设计使用寿命，因其不易更换的特性，决定了桥梁静载试验方法及检验评定标准极其重要。预应力混凝土简支梁静载弯曲抗裂试验是混凝土桥梁结构性能试验的主要内容，检验桥梁结构能否安全使用。桥梁静载试验是正确判定桥梁结构使用性能合格与否的唯一技术依据和重要的技术手段。

二、试验标准

《预应力混凝土铁路桥简支梁静载弯曲试验方法及评定标准》(TB/T 2092—2003)

三、试验范围

(一)适用于按标准轨距设计、厂(场)制后张、先张法 T 型和箱型简支梁，其他简支梁可参照使用。

(二)加载点均设在梁腹板中心线上。

四、试验梁的条件

(一)简支梁应该在下列情况下，进行静载试验

1. 采用新结构、新材料、新工艺进行试生产时。

2. 新建现场制梁场，首件产品投产鉴定检验时。

3. 生产条件(图纸、材料、设备、工艺、人员、管理等方面)有较大改变而可能影响产品的使用性能时。

4. 出现影响结构承载能力的缺陷时。

5. 正常生产条件下，批量生产出场(厂)检验时。

6. 产品质量认证检验时。

(二)试验梁龄期

简支梁静载试验，在终张拉或放张 30 d 后进行，即应在混凝土承受全部预应力 30 d 后进行。试验梁终张拉(放张)至试验日期的最短时限，以使试验最大荷载在跨中最下层预应力钢筋中产生的最大应力不超过预应力钢筋的弹性极限，其值不得早于设计要求，不足 30 d 时应由梁体设计单位检算确定。

(三)试验梁温度

试验梁的温度不得低于 0℃。

五、试验简图

(一)试验采用等效集中荷载,采用五点或三点加载,跨中设一集中荷载,其余在其左右对称布置(图 7-1)。各荷载纵向间距均为 4 m(注:图中箱梁等效集中荷载为 $2P$,T 梁等效集中荷载为 P)。

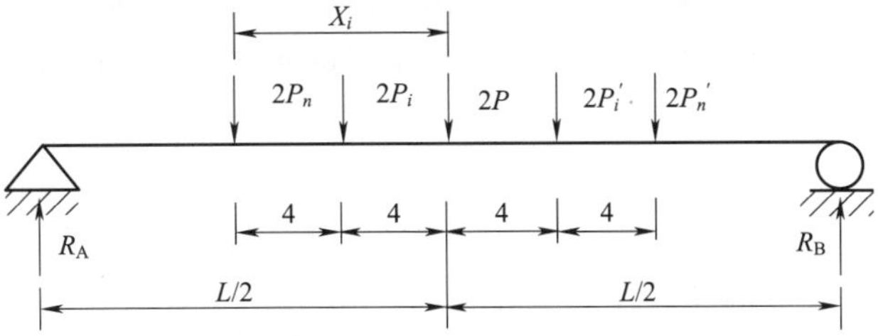

图 7-1　试验简图(单位:m)

(二)不同梁型加载方式大同小异,具体由设计单位确定加载点受力位置。箱梁静载试验(图 7-2)、T 梁静载试验(图 7-3)、U 梁静载试验(图 7-4)。

图 7-2　箱梁静载试验

图 7-3　T 梁静载试验

图 7-4　U 梁静载试验

六、加载方法

(一)试验梁的加载分两个循环进行。以加载系数 K 表示加载等级,加载系数 K 是加载试验中梁体跨中承受的弯矩与设计弯矩之比。试验准备工作结束后梁体承受的荷载状态为初始状态；基数级下梁体跨中承受的弯矩指梁体质量与二期恒载质量对跨中弯矩之和。

（二）加载方法及程序

1. 加载阶段：静载试验加载程序应分阶段进行预加载（第一循环）和正式加载（第二循环）。

2. 两个循环的最大试验荷载：第一循环预加载的最大试验荷载加至使用状态短期荷载值即 $K_f=1.00$ 级（全预应力梁）。第二循环正式加载的最大试验荷载加至抗裂检验荷载，即 $K_f=1.20$ 级（全预应力梁）。

3. 分级加载与卸载要求

（1）分级加载级差：在达到使用状态短期试验荷载值之前，每级加载值不宜大于该荷载值的 20%；在超过使用状态短期试验荷载值之后，每级加载值不宜大于该荷载值的 10%；在接近抗裂检验荷载（或达到开裂试验荷载计算值的 90%）时，每级荷载值不宜大于该荷载值的 5%。

（2）分级卸载级差：每级卸载值可取使用状态短期试验荷载值的 20%～50%；每级卸载后在梁上的试验荷载剩余值宜与加载时的某一级荷载值相对应。

（3）加载级数：第一循环共分五级；第二循环共分九级。

（4）卸载级数：第一循环共分二级；第二循环共分三级。

（5）持荷时间及静停时间：在第一循环，正常使用状态短期试验荷载值即 $K_f=1.00$ 级，静停 20 min。在第二循环即在抗裂试验检验荷载值（试验最大控制荷载）即 $K_f=1.20$ 级，静停 20 min。

4. 加载程序

静载试验两个循环加、卸载等级与持荷时间，以加载系数 K 表示加载等级。其加载程序如下：

①第一循环预加载的最大试验荷载加至使用状态短期荷载值即 $K_f=1.00$ 级

初始状态—基数级（3 min）—0.60（3 min）—0.80（3 min）—静活载级（3 min）—1.00（20 min）—静活载级（1 min）—0.60（1 min）—基数级（1 min）—初始状态（10 min）

②第二循环预加载的最大试验荷载加至使用状态短期荷载值即 $K_f=1.20$ 级

初始状态—基数级（3 min）—0.60（3 min）—0.80（3 min）—静活载级（3 min）—1.00（5 min）—1.05（5 min）—1.10（5 min）—1.15（5 min）—1.20（20 min）—1.10（1 min）—静活载级（1 min）—0.60（1 min）—基数级（1 min）—初始状态。

5. 操作方法

（1）静载试验开始前，对试验用设备、仪器进行标定检验，符合要求后方可投入使用。并对已安装就位的拟试验梁体表面的初始裂缝、潜在裂缝、及梁底垫块裂缝进行标识，并应由专人跟踪观察，并量测其各级荷载下的宽度。要注意下翼缘底部边角处、底板底面位置处的裂缝变化，特别要加强混凝土毛边、缺陷边角、缺陷修补处的观测。

（2）严格按加载程序分级同步加载，并做好各级荷载对应的油压表读数及挠度测量试验记录。每级加载后，均应仔细检查梁体下翼缘、底板底面有无裂缝出现，并测量挠度变化，特别注意对已标识的征兆裂缝应随时观察。

（3）加载或卸载必须统一指挥，各千斤顶宜同速、同步达到同一荷载值；加载速度不宜超过 3 kN/s。每个加载级持荷时间用秒表准确计时。

（4）对静活载级及基数级的挠度，应按规定时间准确测量并予以校核，读数误差不得大于 0.5 mm。

七、试验结论评价

（1）梁体在最大控制荷载作用下，持荷 20 min，梁体下翼缘底部边角及梁底面未发现受力裂缝，且在静活载作用下的挠跨比小于或等于规定值，则判定为静载试验合格。

（2）梁体在最大控制荷载作用下，持荷 20 min，若静载试验梁的抗裂安全系数 K_f 及静活载作用下的挠跨比其中一项不合格，则判定静载试验不合格。

（3）简支梁进行生产许可证认证检验时，静载试验不合格，不允许复试。

八、试验记录及检验报告

（一）试验记录

（1）试验梁、支座、试验装备、设备、仪器安装记录。

（2）千斤顶与油压表配套标定记录。

（3）各级加载值及加载记录。

（4）支座沉降和跨中竖向位移测量及挠度记录。

（5）裂缝部位、裂缝宽度与荷载等级关系记录表。

（二）静载弯曲试验报告。

九、静载试验设备

（一）静载试验台

预制简支梁静载试验台分为重力式和反力式两种。重力式又分为基础自重型（图 7-5）和桩式地锚型（图 7-6）；反力式又分为桁架式（图 7-7）和箱梁式（图 7-8）。

图 7-5　自重式静载试验台

图 7-6　桩式地锚型静载试验台

（二）重力式静载试验台

重力式静载试验台，是将静载试验台混凝土基础通过工钢连接立柱和加力横梁连接在一起，组成静载试验反力架。梁体静载试验所加载的力，通过工钢连接立柱和加力横梁传递到静载试验台混凝土基础上，由混凝土自重将千斤顶加载的力作用到梁体上，以达到静载试验的目的。静载试验台混凝土基础的自重必须大于静载试验加载的吨位。

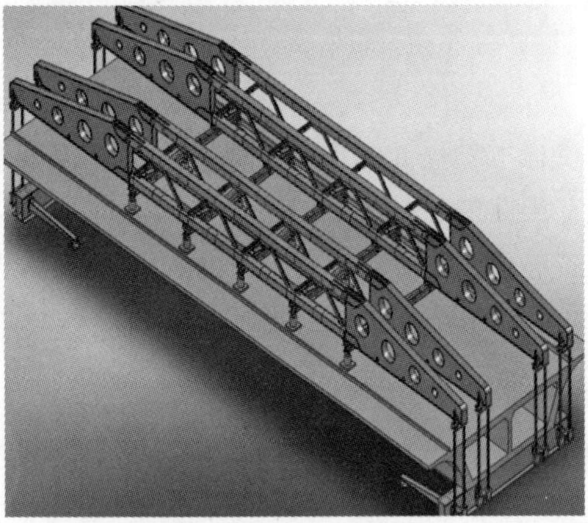

图 7-7　桁架反力式静载试验台

图 7-8　箱梁反力式静载试验台

该方式基础混凝土施工量大、试验台不能周转使用、灵活性小、适用于试验吨位小的情况，多用于 T 梁场。

（三）反力式静载试验台

反力式静载试验台，是将静载试验台和试验梁组成一个静态系统，液压千斤顶试验加载力为系统内力。试验时液压千斤顶对试验梁体加载的同时也对试验台主桁架加载。试验台主桁架受力后将产生弹性变形同时产生反力，此反力正好平衡千斤顶的加载力保持系统受力平衡。

该方式目前已在多数梁场使用，拆装、运输、安装方便简洁，且能多次周转使用，梁场基础处理简单，适用于不同的试验吨位，可根据不同梁型（箱梁、T 梁、异型梁）、跨度、加载方式进行调整，灵活性强。

（四）静载试验设备

1. 试验时需具有试验台座、加力架、千斤顶、油泵、标准油压表或压力传感器等加力设备和计量仪器，其工作能力控制在 1.5～2.5 倍最大试验荷载之间（表 7-1）。

表 7-1　静载试验检测主要设备表

设备名称		型号规格	精度等级	数量	试验梁型	用途
静载试验台及其配套设施	静载试验架	32 m/24 m	—	1	T(箱梁)	试验加载
	千斤顶	150 t	—	6(12)	T(箱梁)	试验加载
	精密压力表	(0～40) MPa	0.4 级	6(12)	T(箱梁)	试验加载
	大量程百分表	0～50 mm	Ⅰ级	8	T(箱梁)	挠度量测
	读数显微镜	MG10085-2	0.005	2	T(箱梁)	裂缝观察
	测力仪	EHB-2000	0.3 级	1	T(箱梁)	千斤顶校验
	放大镜	ϕ75 mm	10 倍	3(6)	T(箱梁)	裂缝观察
	机械秒表	504	0.1 s	2	T(箱梁)	试验时间计量
	钢卷尺	0～50 m	1 mm	2	T(箱梁)	梁体量测
桥梁支座		设计规格	—	1 套	T(箱梁)	梁体安装

2. 加载千斤顶校验系数不应大于1.05。压力表应采用防振型，精度等级不应低于0.4级，最小刻度值应不大于0.2 MPa，表盘量程应在工作最大油压的1.25～2.0倍。

3. 压力传感器的精度不应低于C级，显示仪表最小分度值不大于加载最大量值的1%，示值误差应为±1%F.S。

4. 挠度测量采用位移计或大量程百分表，位移计精度不应低于1.0级，其显示仪表最小分度值不宜大于所测总挠度值的1.0%，百分表的最小分度值不大于0.05 mm。

5. 用于观察裂缝的普通放大镜放大倍数不低于10倍，直径不小于50 mm；量测裂缝宽度应使用刻度放大镜，其放大倍数应不低于10倍，最小分度值不大于0.02 mm。

6. 测量跨度用钢卷尺，其最小分度值应不大于1 mm。

（五）发展趋势

为减少现场工作量，提高静载试验精度，可采用免开孔反力支腿式静载试验台，计算机全自动控制桥梁静载试验同步加载、自动持荷补压、自动检测、故障和挠度超标判断、及时报警、千斤顶配套标定的综合系统，是未来静载试验的发展趋势。

第二节　预制简支梁生产许可证认证

一、生产许可证认证条件

1. 根据《预应力混凝土铁路桥简支梁产品生产许可证实施细则》(XK 17-004)，实地核查必须在企业正常生产、相关人员均在岗的状态下进行。

2. 企业申请“预应力混凝土铁路桥简支梁产品生产许可证”，除实施细则(XK 17-004)要求提交的材料外，还应具备不少于抽样基数的成品梁。

二、实地核查和产品检验

1. 审查组现场对申证企业申请书及证照等申请材料进行核实。根据实地核查办法的每一个条款进行实地核查，并根据其满足生产合格产品的能力的程度分别作出符合、不符合和建议改进的判定。

2. 实地核查合格的企业，审查组按检验数量样品一览表的规定，在企业自检合格的产品中实施抽样，并填写抽样单。

3. 申证企业应在7日内将样品和抽样单一并送达有资质的生产许可证检验机构。

4. 预应力混凝土铁路桥简支梁产品生产许可证发证检验项目、依据标准及重要度分级进行产品检验，具体见“《预应力混凝土铁路桥简支梁产品生产许可证实施细则》(XK 17-004)表6-1和表6-2”。

三、许可证认证通过条件

（一）预应力混凝土铁路桥简支梁产品许可证检验综合判定

(1) A类检验项目全部合格。

(2) 单个B类检验项目的6件梁合格测点数量不小于6件梁测点总数量的80%；否则判该B类检验项目不合格；B类检验项目不合格数不大于4个。

(3)同时满足(1)、(2)上述要求,则判定产品检验合格,否则判定产品检验不合格。

(4)发证检验时静载试验不合格,不允许复试。当静载试验不合格时,应委托有资质的检验机构对其他样品梁进行抽样检验,抽取静载试验样品梁的数量不小于1/10,且不少于3件,当全部静载试验样品梁的静载试验均合格,准许架设。反之,需逐件试验,合格者可架设。

(二)实地核查判定原则

(1)审查组应对实地核查办法的每一个条款进行核查,并根据其满足生产合格产品的能力的程度分别作出符合、不符合和建议改进的判定。

(2)对判为不符合的须填写详细的不符合事实,对判为建议改进项的须填写实地核查发现的可改进的问题。

(3)核查结论的确定原则:

实地核查按产品单元品种审查,未发现不符合,核查结论为合格,否则为不合格。核查结论不合格则该产品单元品种不合格。

四、检验报告

(1)发证检验机构应当在收到企业样品之日起25日内完成检验工作,出具检验报告,一式四份(企业、发证检验机构、审查组织单位、全国许可证审查中心各一份)。

(2)证书延续企业提供同单元产品6个月内(自检验报告签发日期起)省级及以上产品质量监督抽查合格检验报告的,可免于该单元许可证产品检验。

第八章 BIM 技术在制梁场建设及施工中的应用

第一节 概　　述

一、BIM 概念

BIM(Building Information Modeling,即:建筑信息模型)是利用数字模型对项目进行设计、施工、运营的过程。包含了项目所有的几何、物理、功能和性能信息,项目不同的参与方在项目的各个阶段可以基于同一模型,利用和维护这些信息进行协同工作,对项目进行各种类型和专业的计算、分析和模拟。在设计、施工、运营的全生命周期,实现信息共享和无损传递,提高工程建设的质量和效率,大幅节约项目成本,提升科学决策和管理水平。

BIM 从 20 世纪 90 年代提出至今,已经从概念普及进入到应用普及阶段,开展从小范围、企业内的试验到局部范围、多方协同的实践。我国建筑、水电等行业 BIM 应用相对成熟,已在全力推广 BIM 技术的应用。同建筑、水电等行业相比,铁路行业 BIM 应用还处于起步阶段,随着中国铁路信息化建设进程步伐的不断推进,BIM 技术将成为铁路工程建设行业发展的必然趋势。

应用 BIM 技术可大幅度提高工程建设的集成化程度,促进工程建设行业生产方式的转变,提高投资、设计、施工、运营及维护乃至整个工程生命期的质量和效率,提升科学决策和管理水平。对于投资,有助于业主提升对整个项目的掌控能力和科学管理水平、提高效率、缩短工期、降低投资风险;对于设计,支撑三维设计、强化设计协调、减少因"错、缺、漏、碰"导致的设计变更,促进设计效率和设计质量的提升;对于施工,支撑工业化建造和绿色施工、优化施工方案,促进工程项目实现精细化管理、提高工程质量、显著降低成本和安全风险;对于运营维护,有助于提高资产管理和应急管理水平。

二、BIM 技术在制梁场的应用

为满足铁路建设现实需求,实现工地生产工厂化、标准化、信息化,达到集约性、可靠性和高效性,形成规模化、流水线生产的管理模式,通过 BIM 技术建立起标准化的管理,深入推进了精细化及专业化的管理。在保证工期、安全、质量的前提下,使得工地制梁场,场地布局由模块化向系统化迈进;生产过程中实现了布局合理,降低了施工成本,使得建场标准统一规范;工序作业标准管理规范,工厂化水平大大提高,使得生产具有可追溯的信息化控制,达到提高劳动生产率,提升工地生产工厂化整体水平的目的。

第二节 BIM 技术在制梁场解决的问题

一、施工准备阶段

(一)施工场地布置及优化

基于 BIM 模型,结合现场实际情况,对施工场地进行科学的三维立体规划,包括生活区、生产区、存梁区、装梁区、材料仓库、现场材料堆放场地、现场道路等的布置,可以直观反映施工现场情况。在满足施工生产任务的情况下,减少施工用地的前提下,可达到工艺布局合理、现场整洁规范,保证现场运输道路畅通、方便施工人员的管理。

(二)碰撞检查及管线综合优化

BIM 模型建完后,进行合并及碰撞检查,出具碰撞检查报告,组织现场交底会,将问题进行说明,对初步设计进行综合优化,解决碰撞问题,确定最优设计方案。

(三)空间虚拟漫游

通过虚拟漫游(图 8-1),提前了解制梁场建成后的整体情况,便于全面理解设计意图,为后续减少差错、正确施工奠定基础。

图 8-1 梁场应用 BIM 技术

(四)施工方案比选与优化

利用 BIM 模型结合场地地质和拟投入资源情况,对拟选施工方案进行比选,快速确定最优施工方案。如制、存梁台座基础形式的比较:具体到某一个梁场采用哪一种形式的基础,首先是取得地质勘察资料,了解地质结构及承载力;然后在此基础上根据拟选用的工艺装备适用条件及当地的资源情况,选取可供使用的基础类型;最后在满足适用条件的前提下,本着安全、经济、实用的原则,对制梁、存梁台座基础类型进行技术经济比选,选定经济上最优、施工最为便捷的基础处理方式(表 8-1)。

表 8-1　某梁场基础处理方案经济比选表

基础类型	适用地质条件	市场单价	特　点
强夯扩大钢筋混凝土基础	碎石土、砂土、低饱和度的粉土与黏性土、湿陷性黄土、杂填土和素填土等地基	10～20 元/m^2	施工简便快捷、成本较低、施工干扰及噪声大，对基底承载力要求高
预应力管桩混凝土筏板基础	适用于穿越黏性土、黏土、砂土、碎石类土	ϕ300 mm 管 140 元/m	施工速度快、成本较低，施工现场整洁，但不适用于土、砂层中存在大量块石的地质情况；施工受气候条件影响小
钻孔桩混凝土筏板基础	适用于黏性土、湿陷性黄土等各类地基，应用广泛	ϕ1 000 mm 灌注桩 480 元/m	广泛应用，但施工速度缓慢、现场泥浆污染严重，成本较高；废弃工程量大

二、梁场建设及生产阶段

(一)成本管理

施工之前，通过 BIM 项目组和制梁场工程经济部核对，查找施工预算中的少、漏、错算等问题，形成 BIM 模型与施工预算工程量核对表，达到对建场、生产主要材料消耗费用的有效控制(图 8-2)。

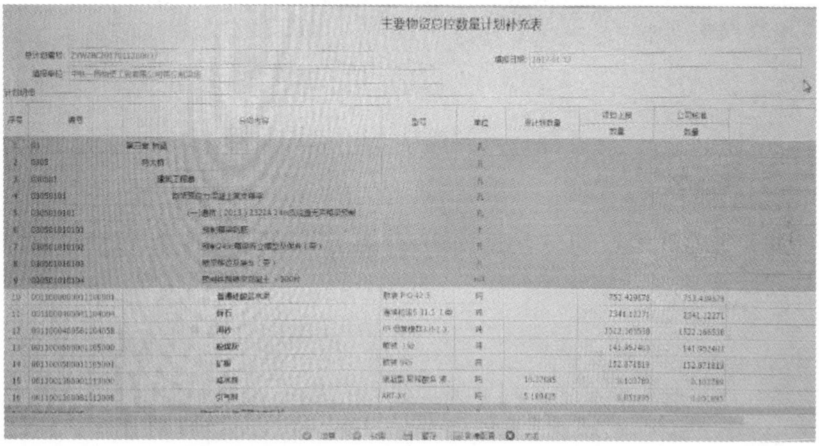

图 8-2　BIM 模型与预算混凝土量核对表

(二)物资管理

1. 材料采购

利用 BIM 模型数据库，准确获得建场所需材料数量，随时为采购计划的制定提供依据，使得采购资金按施工进度有序投入，避免了资金的积压。

2. 建立 BIM 应用限额领料流程

利用 BIM 模型的数据库，快速、准确获得施工过程中材料数量，作为现场材料管理的控制手段。为限额领料提供及时、准确的数据支撑，通过事后分析对比为“飞单”等现场管理情况提供审核基础。

(三)现场质量、安全移动监测应用

通过协同高效的安全质量管理，施工过程中发现质量安全问题都得到及时有效地处理，尽可能避免各项质量安全责任事故的发生。

安全质量管理人员，现场巡视检查时将发现的安全、质量问题随时拍成照片，通过手机上传至 EDS 系统中，并与 BIM 模型相应位置进行关联，进行问题说明，提出整改要求，问题以短信息提醒相关责任人快速协调处理，责任人在规定时间内处理完毕后也拍照将结果上传 EDS 系统并告知问题发现人，形成质量安全管理闭环。

（四）基于 BIM 模型做可视化的施工指导、技术交底

利用 BIM 技术模拟梁体的生产过程，现场生产技术人员通过三维、视频交底，实现可视化的生产指导，更为直观明了（图 8-3）。

图 8-3　BIM 模型可视化技术交底

（五）基于 BIM 的 4D 施工进度模拟

将计划进度和实际进度与 BIM 模型关联，动态了解工程施工材料消耗及施工进度情况，及时提出针对性的处理措施，确保按时完工（图 8-4）。

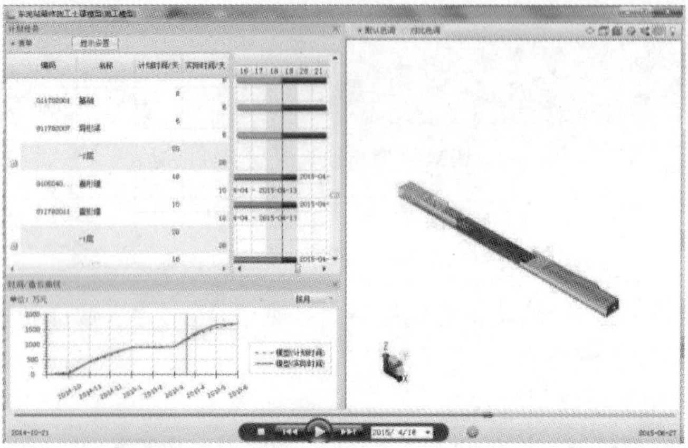

图 8-4　BIM 模型 4D 施工进度模拟

（六）施工过程工程档案资料管理

依照制定的工程档案资料管理计划，将施工过程材料完整地上传关联在 BIM 模型上，作为检查、改进和责任追溯的依据（图 8-5）。

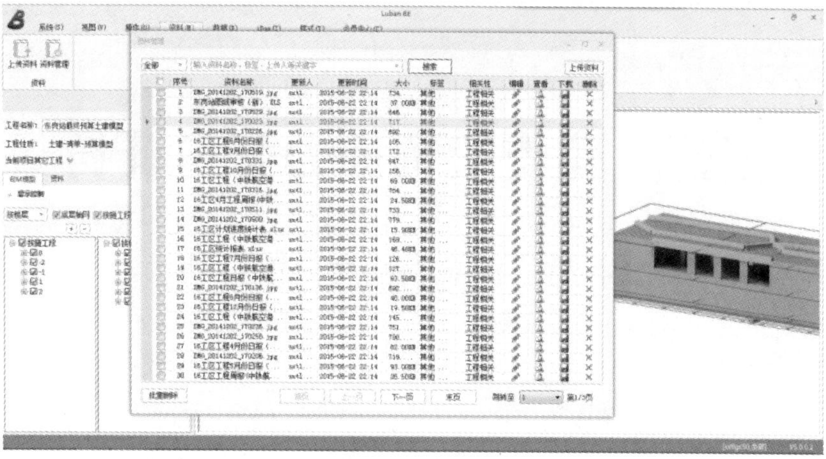

图 8-5　BIM 应用于工程档案资料管理

（七）基于 BIM 的二维码应用

现场生产每时、每刻施工和生产进度都显得异常重要，可将现场实际施工和生产进度通过扫二维码的方式录入 BIM 系统，系统自动形成和显示现场施工和生产进度状态，让管理层快速了解项目的施工进度和安装环节，有计划安排生产，为调配各个部门的生产任务提供第一手、准确的原始资料、素材（图 8-6）。

图 8-6　二维码技术应用

（八）宣传视频制作

利用 BIM 技术制作制梁场建场技术和生产技术的宣传视频。

附件　简支梁预应力张拉计算

第一节　预应力损失值的计算

一、各种损失计算

《铁路桥涵钢筋混凝土和预应力混凝土结构设计规范》(TB 10002.3—2005)

1. 当计算预应力钢筋的应力时，应考虑下列因素引起的预应力损失：

(1)钢筋与管道之间摩阻 σ_{L1}。

(2)锚头变形、钢筋回缩和分块拼装构件的接缝压缩 σ_{L2}。

(3)台座与钢筋之间的温度差 σ_{L3}。

(4)混凝土的弹性压缩 σ_{L4}。

(5)钢筋的应力松弛 σ_{L5}。

(6)混凝土的收缩和徐变 σ_{L6}。

此外，尚应考虑预应力钢筋与锚圈口的摩擦及喇叭口摩擦。

2. 预应力损失宜根据试验数据确定，如无可靠试验资料，可按下列规定计算：

(1)张拉时，由于钢筋与管道间的摩擦引起的应力损失按下式计算：

$$\sigma_{L1}=\sigma_{con}\left[1-e^{-(\mu\theta+kx)}\right]$$

式中　σ_{L1}——由于摩擦引起的应力损失(MPa)；

σ_{con}——钢筋(锚下)控制应力(MPa)；

θ——从张拉端至计算截面的长度上，钢筋弯起角之和(rad)；

x——从张拉端至计算截面的管道长度(m)；

μ——钢筋与管道壁之间的摩擦系数，按附表 1-1 采用；

k——考虑每米管道对其设计位置的偏差系数，按附表 1-1 采用。

附表 1-1　μ、k 值

管道类型	μ	k
橡胶管抽芯成型的管道	0.55	0.001 5
铁皮套管	0.35	0.003 0
金属波纹管	0.20～0.26	0.002 0～0.003 0

(2)由于锚头变形、钢筋回缩和接缝压缩引起的应力损失按下式计算：

$$\sigma_{L2}=\frac{\Delta L}{L}E_p$$

式中　σ_{L2}——由于锚头变形、钢筋回缩和接缝压缩引起的应力损失(MPa)；

L——预应力钢筋的有效长度(m)；

ΔL——锚头变形、钢筋回缩和接缝压缩值(m)。

如无试验数据，一个锚头的变形、钢筋回缩和一条接缝压缩值可按附表 1-2 采用。

附表 1-2　锚头变形、钢筋回缩和接缝压缩计算值

锚头、接缝类型		表现形式	计算值(mm)
钢制锥形锚头		钢筋回缩及锚头变形	8
夹片式锚	有顶压时	锚具回缩	4
	无顶压时		6
水泥砂浆接缝		接缝压缩	1
环氧树脂砂浆接缝		接缝压缩	0.05
带螺帽的锚具螺帽缝隙		缝隙压密	1
每块后加垫板的缝隙		缝隙压密	1

计算时，可考虑钢筋与管道间反向摩擦的影响，按规定计算。对于对称张拉的简支梁，考虑反向摩擦时，可近似将跨中回缩值取端部的 1/2 计算。

(3)对先张法构件，当采用蒸汽或其他方法加热养护时，由于钢筋和张拉台座之间的温差引起的应力损失，按下式计算：

$$\sigma_{L3}=2(t_2-t_1)$$

式中　σ_{L3}——由于温差引起的应力损失(MPa)；

t_1——张拉钢筋时，制造场地的温度(℃)；

t_2——用蒸汽或其他方法加热养护时的混凝土最高温度(℃)。

注：1. 如张拉台座与构件共同受热时，则不计算应力损失 σ_{L3}；

2. 为了减少温差引起的应力损失，宜采用适当的养护措施。

(4)在后张法结构中，当分批张拉预应力钢筋时，对先张拉的钢筋应考虑由于混凝土的弹性压缩引起的应力损失，按下式计算：

$$\sigma_{L4}=n_p\Delta\sigma_c Z$$

式中　σ_{L4}——由于混凝土的弹性压缩引起的应力损失(MPa)；

n_p——预应力钢筋弹性模量与混凝土弹性模量之比；

$\Delta\sigma_c$——在先行张拉的预应力钢筋重心处，由于后来张拉一根钢筋而产生的混凝土正应力：对于简支梁可取跨度 1/4 截面上的应力；对于连续梁、连续刚构可取若干有代表性截面上的应力平均值(MPa)；

Z——在所计算的钢筋张拉后再行张拉的钢筋根数。

对先张法结构，放松钢筋时由于混凝土弹性压缩引起的应力损失：

$$\sigma_{L4}=n_p\sigma_c$$

式中　σ_c——在计算截面钢筋重心处，由于预加应力产生的混凝土正应力(MPa)。

(5)对预应力钢筋，仅在 $\sigma_{con}\geqslant 0.5f_{pk}$ 的情况下，才考虑由于钢筋松弛引起的应力损失，其终极值：

$$\sigma_{L5}=\xi\sigma_{con}$$

式中　σ_{L5}——由于钢筋松弛引起的应力损失(MPa)；

σ_{con}——先张梁采用预应力钢筋(锚下)控制应力，后张梁采用传力锚固时预应力钢筋的应力(MPa)；

ξ——松弛系数，对钢丝，普通松弛时，按 $0.4[(\sigma_{con}/f_{pk})-0.5]$ 采用；对钢丝、钢绞线，低松弛时，当 $\sigma_{con}\leqslant 0.7f_{pk}$ 时 $\xi=0.125[(\sigma_{con}/f_{pk})-0.5]$ 采用；当 $0.7f_{pk}<\sigma_{con}\leqslant 0.8f_{pk}$ 时 $\xi=0.2[(\sigma_{con}/f_{pk})-0.575]$ 采用，对精轧螺纹钢筋，一次张拉时，按 0.05 采用，超张拉时，按 0.035 采用(注：f_{pk} 为预应力钢筋抗拉强度标准值)。

(6)由于混凝土收缩、徐变引起的应力损失终极值按下列公式计算：

$$\sigma_{L6}=\frac{0.8n_p\sigma_{co}\phi_{\infty}+E_p\varepsilon_{\infty}}{1+(1+\phi_{\infty}/2)\mu_n\rho_A}$$

$$\mu_n=[n_p\times A_p+n_s A_S]/A$$

$$\rho_A=1+e_A^2/i^2$$

式中 σ_{L6}——由收缩、徐变引起的应力损失终极值(MPa)；

σ_{co}——传力锚固时，在计算截面上预应力钢筋重心处，由于预加力(扣除相应阶段的应力损失)和梁自重产生的混凝土正应力；对简支梁可取跨中与跨度 1/4 截面的平均值；对连续梁和连续刚构可取若干有代表性截面的平均值(MPa)；

ϕ_{∞}——混凝土徐变系数的终极值；

ε_{∞}——混凝土收缩应变的终极值；

μ_n——梁的配筋率换算系数；

n_s——非预应力钢筋弹性模量与混凝土弹性模量之比；

A_p、A_S——预应力钢筋及非预应力钢筋的截面面积(m^2)；

A——梁截面面积，对后张法构件，可近似按净截面计算(m^2)；

e_A——预应力钢筋与非预应力钢筋重心至梁截面重心轴的距离(m)；

i——截面回转半径(m)，$i=\sqrt{\frac{I}{A}}$[其中，I 为截面惯性矩(m^4)]，对于后张法构件，可近似按净截面计算。

无可靠资料时，ϕ_{∞}、ε_{∞} 值可按附表 1-3 采用。在年平均相对湿度低于 40%的条件下使用的结构，表列 ϕ_{∞}、ε_{∞} 值应增加 30%。

附表 1-3 混凝土的收缩应变和徐变系数终极值

预加应力时混凝土的龄期(d)	收缩应变终极值 $\varepsilon_{\infty}\times10^6$				徐变系数终极值 ϕ_{∞}			
	理论厚度 $\frac{2A}{u}$(mm)				理论厚度 $\frac{2A}{u}$(mm)			
	100	200	300	≥600	100	200	300	≥600
3	250	200	170	110	3.00	2.50	2.30	2.00
7	230	190	160	110	2.60	2.20	2.00	1.80
10	217	186	160	110	2.40	2.10	1.90	1.70
14	200	180	160	110	2.20	1.90	1.70	1.50
28	170	160	150	110	1.80	1.50	1.40	1.20
≥60	140	140	130	100	1.40	1.20	1.10	1.00

注：1. 对先张法结构，预加应力时混凝土的龄期一般为 3～7 d；对后张法结构，该龄期一般为 7～28 d；

2. A 为计算截面混凝土的面积，u 为该截面与大气接触的周边长度；

3. 实际结构的理论厚度和混凝土的龄期为表列数值的中间值时，可按直线内插取值。

(7)由于钢筋与锚圈口之间的摩擦及钢筋在锚下垫板喇叭口处因为弯折产生摩擦而引起的应力损失应根据试验确定。当需考虑其他预应力损失时亦应根据试验确定。

(8)由于混凝土收缩、徐变以及钢筋松弛引起的应力损失的中间值,应根据建立预应力后的时间按附表 1-4 确定。

附表 1-4　σ_{L5}和σ_{L6}的中间值与终极值的比值

时间(d)	由于混凝土收缩和徐变 σ_{L6}	由于钢筋松弛 σ_{L5}
2	—	0.5
10	0.33	—
20	0.37	—
30	0.40	—
40	0.43	1.0
60	0.50	—
90	0.60	—
180	0.75	—
1年	0.85	—
3年	1.00	—

(9)分阶段施工的预应力混凝土结构中由于混凝土徐变及弹性压缩引起的预应力损失,应根据施工过程中各阶段预加应力和结构自重应力的情况确定。计算时应考虑混凝土龄期的差别,综合计算各有关预应力筋的应力损失值。

二、张拉控制应力的计算

根据《铁路桥涵钢筋混凝土和预应力混凝土结构设计规范》(TB 10002.3—2005)

(1)在预加应力的过程中,预应力钢筋在锚下的控制应力应符合下式条件:

①钢丝、钢绞线的锚下控制应力值

$$\sigma_{con}=\sigma_{p1}+\sigma_{L}\leqslant 0.75f_{pk}$$

②预应力混凝土用螺纹钢筋的锚下控制应力值

$$\sigma_{con}=\sigma_{p1}+\sigma_{L}\leqslant 0.90f_{pk}$$

式中　σ_{con}——预应力钢筋在锚下的控制应力(MPa);

σ_{p1}——预应力钢筋中的有效预应力(MPa);

σ_{L}——预应力钢筋中的全部预应力损失值(MPa)。

③对于拉丝式体系(直接张拉钢丝的体系),包括锚圈口摩擦及喇叭口摩擦引起的应力损失在内,锚外钢筋中的最大控制应力不应超过 $0.8f_{pk}$;对预应力混凝土用螺纹钢筋锚外最大控制应力不应超过 $0.95f_{pk}$。

(2)长度等于梁高范围内的端部锚固区段内,应检算局部应力。

(3)在传力锚固时,预应力钢筋的应力应符合下列条件:

①对于先张法构件:

$$\sigma_{p}=\sigma_{con}-(\sigma_{L2}+\sigma_{L3}+\sigma_{L4}+0.5\sigma_{L5})\leqslant 0.65f_{pk}$$

②对于后张法构件 σ_{p}:

$$\sigma_{p}=\sigma_{con}-(\sigma_{L1}+\sigma_{L2}+\sigma_{L4})\leqslant 0.65f_{pk}$$

式中 σ_p——传力锚固时预应力钢筋的应力(MPa)；

σ_{L1}、…、σ_{L5}——预应力钢筋的各项预应力损失值(MPa)。

第二节 预应力值的计算

一、预应力钢筋张拉力的计算

$$N=\sigma_{con}A_y$$

式中 N——预应力钢筋张拉力(N)；

σ_{con}——预应力钢筋的张拉控制应力(MPa)；

A_y——预应力钢筋的截面积(mm^2)。

注：1. 预应力筋的设计张拉控制应力一般为锚下控制应力，包括预计的预应力损失值，但不包括锚头摩阻损失(其值可通过试验测得)。因为在进行预应力张拉时，钢筋中的实际张拉控制应力必须加上锚头摩阻损失，但不能超过规范规定 6.4.1 条"注"规定。

2. 计算中必须注意锚下控制应力、锚外控制应力、有效应力三种描述的区别，切忌盲目套用公式。

3. 正式施工前，应进行各种应力损失测试、计算，确保施加到梁体中的有效预应力值得到保证。

4. 由于目前后张法普遍采用低松弛钢绞线，预应力筋的应力松弛损失都较小，加上施加预应力时多数采用自锚式千斤顶，如果采用超张拉方法进行张拉时，一旦张拉应力达到 $1.05\sigma_{con}$ 后很难回到 σ_{con}，即使能回到 σ_{con}，夹片已开始工作，经回缩损失后锚固，实际上钢绞线是在 $\sigma_{con}-1.05\sigma_{con}$ 之间开始锚固的。因此若采用自锚式千斤顶及低松弛钢绞线时，一般不采用超张拉。

二、张拉伸长值计算

预应力钢筋张拉施工中，以应力控制为主，伸长值校核为辅。实际伸长量与理论伸长量差值应控制在±6%以内，否则应暂停张拉，待查明原因并采取措施加以调整后，方可继续张拉。

(1)先张法伸长值计算

$$\Delta L=\frac{PL}{E_gA_y}$$

式中 P——预应力钢筋张拉力(N)；

L——预应力钢筋长度(mm)；

E_g——预应力钢筋弹性模量(MPa)；

A_y——预应力钢筋的截面积(mm^2)。

(2)后张法伸长值计算

$$\Delta L=\frac{L_T\sigma_pA_y}{A_yE_g}=\frac{L_T\sigma_p}{E_g}$$

$$\sigma_p=\frac{\sigma(1-e^{-(kL+\mu\theta)})}{kL+\mu\theta}$$

式中 σ——张拉端控制应力(MPa)；

σ_p——平均控制应力(MPa)(取张拉端的应力与计算截面处扣除孔道摩阻损失后应力的平均值)；

L_T——从张拉端至计算截面钢绞线长度(mm)；

A_y——钢绞线公称面积(mm^2)；

E_g——钢绞线弹性模量(MPa)；

θ——张拉端至计算截面曲线孔道部分切线的夹角(rad)，以弧度计；

k——孔道每米长度局部偏差对摩擦的影响系数；

μ——预应力筋与孔道壁的摩擦系数；

L——从张拉端至计算截面的管道长度(m)。

(3)伸长值量测与实际计算

预应力钢筋张拉时的实际伸长值 ΔL 应在建立初应力后方可开始量测。量得的伸长值还应加上初应力以下的推算伸长值：

$$\Delta L=\Delta L_1+\Delta L_2$$

式中　ΔL——实际伸长值(mm)；

ΔL_1——从初应力到最大张拉应力间的实测伸长值(mm)；

ΔL_2——初应力以下的推算伸长值(mm)。

第三节　施工中需要注意的问题

(1)预应力设备应建立台账及卡片并定期检查，油泵、压力表、千斤顶应配套校正使用。

(2)施工前必须按照调整后的应力值进行张拉计算，并应对梁体质量、下料长度(一般为工作长度加上工艺长度)、钢绞线线径(必须使用与之对应的限位板槽深)、弹性模量(注意同束内3 GPa要求)、批次进行认真核对。

(3)预应力钢筋张拉施工中，以应力控制为主，伸长值校核为辅。实际伸长量与理论伸长量差值应控制在±6%以内，否则应暂停张拉，待查明原因并采取措施加以调整后，方可继续张拉。

(4)张拉过程中，注意加载速度必须满足相关规范规定，张拉中注意同束预应力钢筋两端不同步率满足5%的规定。

(5)重要提示：预应力计算中必须注意锚下控制应力、锚外控制应力、有效应力三种描述的区别，切忌盲目套用公式。

第四节　后张简支箱梁计算实例

以中铁××局××客专××制梁场“通桥(2009)2229-31.5跨度箱梁”为计算实例。

(一)制梁场试制梁完成，终张拉开始前，由梁场委托有资质的检测单位，对拟进行张拉的梁体进行管道摩阻系数、锚口及喇叭口摩阻、单端锚具回缩量等参数进行测试。

(二)根据摩阻测试内容，由梁体设计单位对梁体张拉设计应力做出是否进行张拉力调整。

(三)通桥(2009)2229-31.5 m箱梁张拉计算书

1. 适用范围

适用于中铁××局××客专××制梁场，锚具、夹片厂家为××预应力有限公司，使用千斤顶型号为YCW250B型千斤顶(初预张用)、YCW350B型千斤顶(终张用)，对跨度为31.5 m的无砟轨道后张法预应力混凝土简支箱梁进行预应力施工。

2. 计算依据

(1)通桥(2009)2229-Ⅳ《无砟轨道后张法预应力混凝土简支箱梁》。

(2)《铁路桥涵钢筋混凝土和预应力混凝土结构设计规范》(TB 10002.3—2005);

(3)铁建设(2010)241 号铁路混凝土工程施工技术指南。

(4)箱梁管道摩阻测试报告及设计单位对梁体预应力值调整的通知函。

3. 计算原理

(1)锚外张拉控制力的计算

$$N_{con}=\sigma_{con}A_y n$$

式中 N_{con}——锚外张拉控制力(N);

σ_{con}——锚外张拉控制应力(N/mm²);

A_y——钢绞线公称面积(mm²);

n——钢绞线根数。

以 N6 初张为例,套用上述公式得:

$$\sigma_{con}=\frac{N_{con}}{A_y n}=\frac{1\ 275\ 386}{140\times10}=910.99$$

(2)伸长值计算

1)计算图例(附图 4-1)

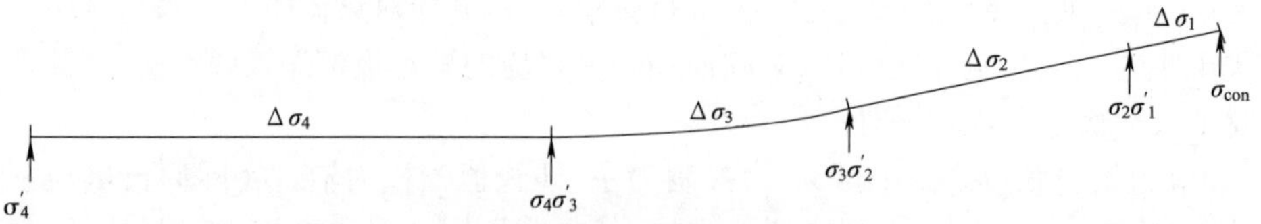

附图 4-1 计算图例

2)伸长值计算引用公式

$$\Delta L=\frac{L_T\sigma_p A_y}{A_y E_g}=\frac{L_T\sigma_p}{E_g}$$

$$\sigma_p=\frac{\sigma(1-e^{-(kL+\mu\theta)})}{kL+\mu\theta}$$

式中 σ——张拉端控制应力(MPa);

σ_p——平均控制应力(MPa);

L_T——从张拉端至计算截面钢绞线长度(mm);

A_y——钢绞线公称面积(mm²),取 $A_y=140$ mm²;

E_g——钢绞线弹性模量(MPa),按照每批钢绞线的实测弹性模量取值;

μ——预应力筋的与孔道壁的摩擦系数;

k——孔道每米长度局部偏差的摩擦系数;

θ——张拉端至计算截面曲线孔道部分切线的夹角,以弧度计。

4. 计算过程

(1)以 31.5 m 简支箱梁 N6 钢绞线终张伸长值计算为例说明计算过程(钢绞线弹性模量取 195 GPa)。

(2)在实际施工中，根据图纸将钢绞线分为直线段和曲线段进行计算，同时张拉过程中钢绞线的伸长值应包括锚外油缸段的伸长值，梁端锚外油缸段长度各按直线段 650 mm 予以计算；张拉采取两端同步对称张拉，因此应计算跨中至张拉段的伸长量即可，然后乘以 2 即为钢绞线理论计算伸长量。

(3)未做管道摩阻测试前，根据《时速 250 km 客运专线(城际铁路)无砟轨道预制后张法预应力混凝土简支整孔箱梁》设计图"通桥(2009)2229-Ⅳ"设计说明，32.6 m 箱梁 N6 终张拉控制应力均按 1 404.29 MPa 计，锚口和喇叭口摩阻为 6%，$u=0.55$，$k=0.001\,5$。

(4)根据管道摩阻测试报告及设计单位对张拉应力的调整，32.6 m 箱梁 N6 终张拉控制应力均按 1 382.20 MPa 计，锚口和喇叭口摩阻为 4.5%，$u=0.306\,9$，$k=0.002\,7$。

(5)计算过程

以 31.5 m 简支箱梁 N6 钢绞线终张伸长值计算为例说明计算过程，钢绞线弹性模量取 195 GPa。

根据设计及工艺要求，可将 N6 划分为：锚外段(650 mm)＋直线段(1 947 mm)＋曲线段(1 053 mm)＋直线段(8 969 mm)＋曲线段(2 095 mm)＋直线段(2 172 mm)，进行分段计算。

1)锚外段：无应力损失，即 $\Delta\sigma_1=0$，$L_1=650$ mm

该段起点应力：

$$\sigma_1=\sigma_{con}=1\,382.2\ \text{MPa}$$

该段终点应力：

$$\sigma_1'=\sigma_1=1\,382.2\ \text{MPa}$$

该段平均应力：

$$\sigma_{1P}=\sigma_1=1\,382.2\ \text{MPa}$$

则该段伸长量

$$\Delta l_1=\frac{\sigma_{1P}}{E}\cdot l_{1T}=\frac{1\,382.2}{195\,000}\times 650=4.607\ \text{mm}$$

2)直线段：投影长度 $L_2=1\,932$ mm，实际长度 $L_{2T}=1\,947$ mm，$\theta=0$

该段起点应力为：

$$\sigma_2=\sigma_1'\times(1-0.045)=1\,382.2\times(1-0.045)=1\,320.0\ \text{MPa}$$

该段终点应力为：

$$\sigma_2'=\sigma_2\times e^{-(kL+\mu\theta)}=1\,316.2\ \text{MPa}$$

该段平均应力为：

$$\sigma_{2P}=\frac{\sigma_2(1-e^{-(kL+\mu\theta)})}{kL+\mu\theta}=1\,318.1\ \text{MPa}$$

该段伸长值为：

$$\Delta l_2=\frac{\sigma_{2P}}{E_g}\cdot l_{2T}=\frac{1\,318.1}{195\,000}\times 1\,947=13.161\ \text{mm}$$

3)曲线段：投影长度 $L_3=1\,046$ mm，实际长度 $L_{3T}=1\,053$ mm，$\theta=0.070\,2$

该段起点应力为：

$$\sigma_3=\sigma_2'=1\,316.2\ \text{MPa}$$

该段终点应力为：

$$\sigma_3'=\sigma_3\times e^{-(kL+\mu\theta)}=1\ 264.4\ \text{MPa}$$

该段平均应力为：

$$\sigma_{3P}=\frac{\sigma_3(1-e^{-(kL+\mu\theta)})}{kL+\mu\theta}=1\ 290.1\ \text{MPa}$$

该段伸长值为：

$$\Delta l_3=\frac{\sigma_{3P}}{E_g}\cdot l_{3T}=\frac{1\ 290.1}{195\ 000}\times 1\ 053=6.966\ \text{mm}$$

4)直线段：投影长度 $L_4=8\ 919$ mm，实际长度 $L_{4T}=8\ 969$ mm，$\theta=0$

该段起点应力为：

$$\sigma_4=\sigma_3'=1\ 264.4\ \text{MPa}$$

该段终点应力为：

$$\sigma_4'=\sigma_4\times e^{-(kL+\mu\theta)}=1\ 247.6\ \text{MPa}$$

该段平均应力为：

$$\sigma_{4P}=\frac{\sigma_4(1-e^{-(kL+\mu\theta)})}{kL+\mu\theta}=1\ 255.9\ \text{MPa}$$

该段伸长值为

$$\Delta l_4=\frac{\sigma_{4P}}{E_g}\cdot l_{4T}=\frac{1\ 255.9}{195\ 000}\times 8\ 969=57.764\ \text{mm}$$

5)曲线段：投影长度 $L_3=2\ 091$ mm，实际长度 $L_{3T}=2\ 095$ mm，$\theta=0.104\ 75$

该段起点应力为：

$$\sigma_5=\sigma_4'=1\ 247.6\ \text{MPa}$$

该段终点应力为：

$$\sigma_5'=\sigma_5\times e^{-(kL+\mu\theta)}=1\ 174.1\ \text{MPa}$$

该段平均应力为：

$$\sigma_{5P}=\frac{\sigma_5(1-e^{-(kL+\mu\theta)})}{kL+\mu\theta}=1\ 210.5\ \text{MPa}$$

该段伸长值为：

$$\Delta l_5=\frac{\sigma_{5P}}{E_g}\cdot l_{5T}=\frac{1\ 210.5}{195\ 000}\times 2\ 095=13.003\ \text{mm}$$

6)直线段：投影长度 $L_4=2\ 172$ mm，实际长度 $L_{4T}=2\ 172$ mm，$\theta=0$

该段起点应力为：

$$\sigma_6=\sigma_5'=1\ 174.1\ \text{MPa}$$

该段终点应力为：

$$\sigma_6'=\sigma_6\times e^{-(kL+\mu\theta)}=1\ 170.3\ \text{MPa}$$

该段平均应力为：

$$\sigma_{6P}=\frac{\sigma_6(1-e^{-(kL+\mu\theta)})}{kL+\mu\theta}=1\ 172.2\ \text{MPa}$$

该段伸长值为：

$$\Delta l_6=\frac{\sigma_{6P}}{E_g}\cdot l_{4T}=\frac{1\ 172.2}{195\ 000}\times 2\ 172=13.076\ \text{mm}$$

综合以上六段，则 N6 的总伸长值为：

$$\Delta l=(\Delta l_1+\Delta l_2+\Delta l_3+\Delta l_4+\Delta l_5+\Delta l_6)\times 2$$

$$=(4.607+13.161+6.966+57.764+13.003+13.076)\times 2=217.154\ \text{mm}$$

参考文献

[1] 国家铁路局. TB/T 3432—2016 高速铁路预制后张法预应力混凝土简支梁[S]. 中国铁道出版社,2016.
[2] 国家铁路局. TB/T 3433—2016 高速铁路预制先张法预应力混凝土简支梁[S]. 中国铁道出版社,2016.
[3] 中华人民共和国铁道部. TB/T 3043—2005 预制后张法预应力混凝土铁路桥简支T梁技术条件[S]. 中国铁道出版社,2005.
[4] 中华人民共和国铁道部. TB/T 2484—2005 预制先张法预应力混凝土铁路桥简支T梁技术条件[S]. 中国铁道出版社,2005.
[5] XK 17-004 预应力混凝土铁路桥简支梁产品生产许可证实施细则[S].
[6] 中华人民共和国铁道部. TB/T 2092—2003 预应力混凝土铁路桥简支梁静载弯曲试验方法及评定标准[S]. 中国铁道出版社,2003.
[7] 中华人民共和国铁道部. TB 10002.3—2005 铁路桥涵钢筋混凝土和预应力混凝土结构设计规范[S]. 中国铁道出版社,2003.
[8] 中华人民共和国铁道部. TB/T 3275—2011 铁路混凝土[S]. 中国铁道出版社,2012.
[9] 曹新刚. 青藏铁路32 m预应力混凝土耐久简支梁整体侧模板设计及施工[J]. 铁道工程学报,2003,20(4):33-35.
[10] 和民锁,马新安,曹新刚. 大跨度先张法折线配筋预应力混凝土简支梁预制施工技术[J]. 铁道工程学报,2004,82(2):43-45.
[11] 曹新刚. 24 m先张法折线配筋预应力混凝土简支梁施工技术[J]. 铁道建筑技术,2004,(6):7-9.
[12] 曹新刚. 郑西客运专线临潼制梁场预应力混凝土简支箱梁整体模板设计与施工[J]. 铁道标准设计,2007,12:45-47.
[13] 齐红军,曹新刚. 高速铁路双线简支箱梁高性能混凝土灌注功效控制技术[J]. 铁道标准设计,2009,12:71-74.
[14] 齐红军,曹新刚. 高速铁路大吨位箱梁预制场的规划与设计[J]. 建材技术与应用,2009,1:30-32.
[15] 郭涛. 高铁箱梁预制场的规划与设计[J]. 国防交通工程与技术,2014,增刊1:16-18.
[16] 曹新刚. 预制T梁自行滑移式液压整体模板设计[J]. 高速铁路技术,2015,2:68-71.
[17] 曹新刚. 预制简支T形梁液压整体滑移式模板施工技术[J]. 施工技术,2016,(1)2第45卷:109-111.